Klaus Modick

"Hier"

Wichtiges und Nebensächliches aus Oldenburg und umzu
mit Bildern von Klaus Beilstein

oldenburgische landschaft

KLAUS MODICK

"Hier"

Wichtiges
und
Nebensächliches
aus
Oldenburg
und umzu

mit Bildern
von
KLAUS BEILSTEIN

ISENSEE VERLAG
Oldenburg

Herausgegeben von der Oldenburgischen Landschaft

Editorische Notiz:

Die meisten der hier versammelten Texte sind erstmals erschienen in *Kulturland Oldenburg*, der Vierteljahrs-Zeitschrift der Oldenburgischen Landschaft.
Der Abdruck von „Norden ist hier" erfolgt mit freundlicher Genehmigung der Landessparkasse zu Oldenburg.

Bibliografische Information Der Deutschen Bibliothek

Die Deutsche Bibliothek verzeichnet diese Publikation in der Deutschen Nationalbibliografie; detaillierte bibliografische Daten sind im Internet über <http://dnb.ddb.de> abrufbar.

2. Auflage

ISBN 978-3-89995-811-9

Inhalt

Das Geheimnis
der Gurkenbowle

Ich studiere Landschafts- und Gartenarchitektur und bin Angehöriger der Generation Praktikum. In der Annahme, dass die Oldenburgische Landschaft sich den Mooren und Marschen, der Heide und Geest, den Bürger- und Bauerngärten des Oldenburger Landes widmet, hatte ich mich um einen Praktikumsplatz beworben. Die einschlägige Adresse war ja bereits vielversprechend: Gartenstraße! Dass ich den Praktikumsplatz nur wegen eines Missverständnisses bekam, tut nichts zur Sache – die Mitarbeiter der Landschaft haben es übrigens nie bemerkt und müssen es auch gar nicht wissen. Beim Vorstellungsgespräch erklärte mir nämlich der Geschäftsführer Dr. Brandt, die Oldenburgische Landschaft habe den gesetzlichen Auftrag, Kultur, Wissenschaft und Naturschutz zu fördern. Dabei blätterte er stirnrunzelnd in meinen Bewerbungsunterlagen, und ich dachte schon, jetzt setze es die Bedauern heuchelnde Absage, aber Dr. Brandt sagte, mein Interessenschwerpunkt liege ja wohl ganz offenkundig beim Naturschutz. Obwohl mir inzwischen klar war, dass diese Landschaft mit dem, was ich mir unter Landschaft vorstellte, so gut wie gar nichts zu tun hatte, nickte ich diensteifrig. Es war doch völlig egal. Hauptsache Praktikumsplatz!

Während des sechswöchigen Praktikums warf ich dann für Frau Remmers abgelehnte Anträge auf Förderung plattdeutscher Geburtstagsreden in den Aktenschredder, besorgte Frau Kreft, die für die Finanzen zuständig ist, neue Batterien für ihren Taschenrechner, ließ mir von Dr. Welp erklären, dass archäologische Denkmalpflege strukturelle Ähnlichkeit zur Tätigkeit eines Beerdigungsinstituts aufweist, weil hier wie dort im Erdreich gegraben wird, half Frau Barr beim Umsortieren der Bibliothek (früher nach Größe, jetzt nach Farbe der Bücher), kochte mit Frau Vollmer vom Sekretariat Ostfriesentee und Kaffee und holte täglich die belegten Brötchen (lecker!) fürs zweite Frühstück aus der Stadtbäckerei. Als ich seine Archivakten entstaubte, erzählte mir Herr Struck, der unter anderem für Personengeschichte zuständig ist, eine lustige Anekdote vom Vogelwart auf Wangerooge, womit dann auch mein „Interessenschwerpunkt Naturschutz" (O-Ton Dr. Brandt) hinreichend abgedeckt war. Es wäre also ein Praktikum wie jedes andere gewesen, wäre da nicht die Sache mit der Gurkenbowle passiert.

Wie jedes Jahr fand nämlich auch in jenem Juli das Oldenburger Landesturnier im Rasteder Schlosspark statt. Dabei steht bekanntlich der Pferdesport im Mittelpunkt, aber Herr Henneberg, unser stellvertretender Geschäftsführer, erklärte mir, dass der gesellschaftliche Höhepunkt der Empfang sei, den der Herzog von Oldenburg im Rasteder Schloss gebe. Einladungen zu diesem Ereignis ergingen natürlich nur an auserwählte, wichtige Persönlichkeiten, also zum Beispiel an Herrn Lucke, unseren Präsidenten, an Dr. Brandt und an ihn, Henneberg, selbst. Sollte ich jedoch im Besitz eines gültigen Führerscheins sein und mich bereit erklären, die drei Führungskräfte der Landschaft nach Rastede und, hier zwinkerte Herr Henneberg mir listig zu, auch wieder zurück zu chauffieren, könne er mir ausnahmsweise eine Einladung zuschanzen.

Und so kam es, dass mir einige Tage später Zugang ins Rasteder Schloss gewährt wurde, das der profanen Öffentlichkeit ansonsten versperrt bleibt. Enorm wichtige, zum Teil auch höchst gewichtige Damen und Herren lauschten gehorsamst den schlichten Begrüßungsworten seiner Königlichen Hoheit und plauderten dann pflichtschuldig über Springpferdeprüfungen, Dressurpferdeprüfungen, Vielseitigkeitsprüfungen, Fahrprüfungen und die Leistungsprüfungsordnung der Deutschen Reiterlichen Vereinigung. Zwar hatten viele, genau wie ich, nicht den leisesten Schimmer vom Reitsport, aber auch in diesem herzoglichen Olymp war Dabeisein alles. Adrette Mädchen mit weißen Schürzen und gestärkten Hauben schwebten durch den Raum und kredenzten auf Silbertabletts Gläser mit Gurkenbowle.

Da ich als „Besitzer eines gültigen Führerscheins" zum Chauffeurdienst verpflichtet worden war, hielt ich mich an Mineralwasser. Warum man mir Unwürdigem das verantwortungsvolle Amt angetragen hatte, dämmerte mir, nachdem Präsident, Vorsitzender und stellvertretender Vorsitzender zügig ihr erstes Glas Gurkenbowle geleert hatten und munter zum zweiten griffen.

Diese Bowle, raunte Dr. Brandt mir zu, sei eine, wenn nicht *die* herzogliche Spezialität, hergestellt nach einem uralten Geheimrezept des Oldenburger Herrscherhauses. Schon seit Generationen hätten Gäste, die mit der Bowle bewirtet wurden, versucht, hinter die Rezeptur zu kommen. Vergeblich.

„Das Rezept", sagte Präsident Lucke bedeutungsschwer, „ist ein Staatsgeheimnis", nahm sich ein drittes Glas, trank und sah ganz verzückt aus. „Wenn es uns als Oldenburgischer Landschaft gelänge", wandte er sich an Dr. Brandt und Herrn Henneberg, „das Rezept zu bekommen …" Er sprach den Satz nicht zu Ende.

Mir blieb unklar, welchen Vorteil oder Distinktionsgewinn die Landschaft aus der Kenntnis der Rezeptur von Gurkenbowle ziehen könnte, aber Dr. Brandt und Herr Henneberg, inzwischen beim vierten oder fünften Glas angekommen, nickten begeistert. „Das wäre ein Triumph!", rief Dr. Brandt. „Aber wie kommen wir da ran?"

Ein halbes Glas lang schienen alle scharf nachzudenken. „Meine Herren", sagte plötzlich Herr Lucke mit präsidialem Tonfall, der allerdings bereits die Silben unscharf verschliff, „ich habe da eine Idee." Der Geistesblitz des Präsidenten war zwar keine Schnaps-, sondern eine Bowlenidee und als solche recht schlicht, aber, das muss man neidlos anerkennen, auch ziemlich gut, wenn nicht gar gerissen.

Herr Henneberg war ganz fassungslos und wiederholte mehrfach: „Dass ich da nicht selber drauf gekommen bin."

Dr. Brandt sagte nur: „Genial, Herr Präsident, einfach genial." Herr Lucke nickte in seliger Vorfreude und winkte eins der Serviermädchen mit Gurkenbowlennachschub heran.

*

Zwei Wochen später wurde die präsidialgeniale Idee in die Tat umgesetzt. Seine Königliche Hoheit Anton Günther, Herzog von Oldenburg etc.pp., hatte huldvoll der Einladung zu einem „Arbeitsfrühstück" bei der Oldenburgischen Landschaft entsprochen, um sich einmal höchstpersönlich einen Eindruck über die Tätigkeit der Institution zu verschaffen, die im ehemaligen Hoheitsgebiet seiner Familie Kultur, Wissenschaft (und Naturschutz!) fördert. Gereicht wurden entsprechend patriotische Köstlichkeiten: Brötchen von der Hofkonditorei Klinge, Ammerländer Schinken, Nordseekrabben aus Varelerhafen, Eier aus Südoldenburg, Konfitüre von Butjadinger Streuobst, Oldenburger Butterkäse und so weiter und so fort, dazu Ostfriesentee mit Kluntjes und Sahne. Ostfriesland hatte zwar nie zum Oldenburger Land gehört, aber der listige Herr Lucke hatte das Getränk mit Bedacht geordert, weil es ihm das Stichwort lieferte, sich gegenüber dem Herzog über die separatistischen Umtriebe in Neustadt-Gödens zu entrüsten. In dem rebellischen Städtchen wurden immer mal wieder Stimmen laut, man gehöre statt zu Oldenburg nach Ostfriesland.

„Unfassbar", stöhnte Herr Henneberg. „Skandalös", befand Dr. Brandt.

Der Herzog lächelte unergründlich.

Gedeckt war natürlich nur für den Herzog, den Präsidenten, den Geschäftsführer und seinen Stellvertreter. Fräulein Müller, die ein Freiwilliges Soziales Jahr bei der Landschaft ableistet, Herr Meyer, Volontär mit Schwerpunkt Plattdeutsch, und meine Wenigkeit als Praktikant für Naturschutz hatten sich auf Anweisung der Geschäftsführung in Ammerländer Bauerntrachten (zur Verfügung gestellt vom Heimatverein Wiefelstede) werfen müssen. Derart folkloristisch korrekt ausstaffiert, fungierten Meyer, Müller und ich gewissermaßen als Dienerschaft, was den Herzog sichtlich rührte. Herr Struck hatte den Auftrag, mit wechselnden Aktenordnern unterm Arm in unregelmäßigen Abständen betriebsam durchs Konferenzzimmer zu huschen, um Arbeitsatmosphäre vorzutäuschen, und machte das so überzeugend, als täte er es tagtäglich.

Dr. Brandt erläuterte dem Herzog die Entstehungsgeschichte der Körperschaft und legte dabei besonderen Nachdruck auf den Volksentscheid von 1975, bei dem die Mehrheit, in Treue fest, bekanntlich für die Wiedereinführung des alten Oldenburger Landes gestimmt hatte, um, wie Herr Lucke mit bebender Stimme einwarf, der Knechtschaft Hannovers zu entrinnen. Skandalöserweise hatte dann aber der Bundestag diesen Entscheid einfach vom Tisch gewischt.

„Was soll man dazu sagen?", fragte Herr Lucke reichlich rhetorisch.

„Parlamentarische Demokratie. Ha!", sagte der Herzog und biss grimmig in sein Krabbenbrötchen.

9

In diesem Moment erscholl aus den hinteren Räumen die Landeshymne: „Heil dir, o Oldenburg! Heil deinen Farben! Gott schütz' dein edles Ross, er segne deine Garben! Heil deinem Fürsten! Heil! der treu dir zugewandt, der dich so gern beglückt, o Vaterland!"

Der Herzog schien sichtlich bewegt. Herr Lucke schmunzelte zufrieden. Alles lief nach Plan. „Unser Dr. Welp", erläuterte der Präsident seiner Hoheit, „und Frau Remmers arbeiten derzeit an einem groß angelegten Forschungsprojekt, in dem die diversen Fassungen unserer schönen Hymne historisch, soziologisch und musikalisch erschlossen und kollationiert werden."

Der Herzog lächelte begeistert und bat um mehr Ostfriesentee. Fräulein Müller goss formvollendet ein.

Herrn Henneberg, der in Cloppenburg wohnt, war die Aufgabe zugewiesen worden, die Südoldenburger Belange zu vertreten, und er spielte auch gleich seinen größten Trumpf aus. „Als der bischöfliche Offizial von Twickel unlängst vom Papst empfangen wurde", erzählte Henneberg, „hat der Pontifex, als der Name Oldenburg fiel, spontan und historisch versiert bemerkt: „Sie sind ja autonom."

„Ach was?", sagte oder fragte der Herzog und zeigte ein mildes, gewissermaßen ökumenisches Lächeln.

Damit war im Grunde alles gesagt und der Vormittag fast vorbei. Herr Lucke leitete nun den entscheidenden Schachzug ein, indem er mir das verabredete Zeichen gab. Ich eilte in die Teeküche, wo Frau Barr, Frau Kreft und Frau Vollmer am Tisch saßen und die Gurkenbowle verkosteten, die sie vor anderthalb Stunden in weiblicher Koproduktion angesetzt hatten. Die Damen waren bereits in gehobener Stimmung.

„Das Zeug ist gut", sagte Frau Remmers. „Hoffentlich klappt es", sagte Frau Barr, und Frau Kreft kicherte ansteckend.

Ich trug die Karaffe mit den Gläsern ins Konferenzzimmer, wo Meyer und Müller inzwischen abgedeckt hatten.

„Statt Ihnen zum Abschied ein Glas Sekt anzubieten", sagte Herr Lucke zum Herzog, „haben wir uns erlaubt, eine Oldenburger Spezialität vorzubereiten, die sich auch in Ihrem Hohen Hause einer gewissen Beliebtheit erfreut." Herr Lucke machte eine kleine Pause und fügte dann neckisch an: „Natürlich hat da jeder sein eigenes Rezept ..." Die Herren hoben ihre Gläser, und Präsident Lucke sagte salbungsvoll: „Auf Haus und Land Oldenburg." Man prostete sich zu und trank.

„Und? Was sagen Sie zu unserer Bowle, Königliche Hoheit?", erkundigte sich Dr. Brandt.

Der Herzog machte ein paar kennerische Kaubewegungen. „Recht gut", nickte er.

„Aber nicht so gut wie die Bowle, die man in Ihrem Haus reicht, nicht wahr?", hakte Herr Henneberg nach.

„Da hat natürlich jeder sein eigenes Rezept", sagte der Herzog jovial.

„Eben, eben", sagte unser Präsident hastig, „wir nehmen Salatgurke, Zucker, Moselwein, Mineralwasser und Weinbrand."

Der Herzog schien nachzudenken und sagte dann: „Kommt mir bekannt vor, aber wir machen es doch anders."

„Wie denn, wie denn?", platzte es ungeduldig aus Herrn Henneberg heraus.

„Ach, wissen Sie, das ist ein Staatsgeheimnis", schmunzelte der Herzog. „Und jetzt muss ich mich verabschieden." Was er auch tat, indem er jedem von uns, sogar Meyer, Müller und mir, huldvoll die Hand schüttelte.

Lucke, Dr. Brandt und Henneberg machten lange Gesichter, weil der geniale Plan fehlgeschlagen war, eskortierten den Landesherrn aber immerhin auf die Straße, wo bereits der Wagen des Herzogs wartete. Ich stand neben Meyer und Müller am Fenster des Konferenzzimmers und sah zu, als plötzlich Dr. Brandt meinen Namen rief und winkte. „Schnell, schnell! Bringen Sie ein Exemplar unserer Zeitschrift herunter! Seine Königliche Hoheit interessiert sich brennend dafür!" Ich eilte mit dem druckfrischen Blatt auf die Gartenstraße. Das Seitenfenster des herzoglichen Wagens war heruntergekurbelt. Der Herzog nahm die Zeitschrift entgegen und winkte mir dann mit dem Zeigefinger, näher zu kommen. Ich reckte den Kopf vor.

Der Herzog schmunzelte. „Es ist zwar ein Staatsgeheimnis, junger Mann", sagte er, „aber Sie sehen so aus, als könnten Sie Geheimnisse für sich behalten." Dann kniff er konspirativ ein Auge zu und flüsterte mir jene Zutat zu, die die herzogliche Gurkenbowle so unverwechselbar macht. Statt des Weinbrands benutzt man im Hause Oldenburg —.

Der Herzog hatte Recht. Ich kann Geheimnisse zwar für mich behalten, habe aber auch keine Hemmungen, sie profitabel zu verwerten. Also marschierte ich am nächsten Tag zu Präsident Lucke und eröffnete ihm, im Besitz des begehrten Herrschaftswissens zu sein. Freilich wäre ich bereit, Staatsgeheimnis hin, Praktikantenelend her, mit dem Rezept herauszurücken, wenn mir die Landschaft eine Festanstellung als Naturschützer garantiert, und zwar auf der vakanten Beamtenstelle. Herr Lucke sagte, er wolle darüber nachdenken. Er denkt immer noch nach, aber ich bin optimistisch.

Norden ist hier

Rede zum 25jährigen Jubiläum
der Stiftung Kunst und Kultur
der Landessparkasse zu Oldenburg

Meine Damen und Herren!

Um das 25-jährige Jubiläum der Kunst- und Kulturstiftung der Landessparkasse zu Oldenburg zu feiern, haben wir uns hier versammelt; das Wörtchen *hier* behalten Sie bitte noch eine Weile in Erinnerung: Es wird in meinen Ausführungen noch eine gewisse Rolle spielen. Ich weiß nicht, ob Sie sich darüber wundern, dass meine Wenigkeit jetzt hier einen Festvortrag hält — werden dergleichen Vorträge doch zumeist von würdigen Vorstandsvorsitzenden oder gar Politikern gehalten, nicht jedoch von windigen Schriftstellern.

Ich jedenfalls habe mich durchaus gewundert, als mich telefonisch die Anfrage erreichte, ob ich bereit wäre, diesen Vortrag zu halten. Ausgerechnet ich, der, unter uns gesagt, nicht einmal ein Girokonto bei der LzO unterhält. Soweit ich mich erinnern kann, wickelten bereits meine Großeltern ihre Geldgeschäfte stets über das andere Institut ab, das Oldenburg im Namen trägt.

Das spiele in diesem Zusammenhang überhaupt keine Rolle, sagte jedoch die freundliche Dame am Telefon.

Und außerdem, wandte ich ein, sei ein Teil meiner sowieso sehr bescheidenen Geldanlagen in der heißen Luft der so genannten Bankenkrise verdunstet, weshalb ich mir nur schwer vorstellen könne, per Festvortrag das Loblied einer Bank oder Sparkasse anzustimmen.

Um Gottes Willen, nein, wiegelte die Dame hastig ab, die Betonung liege in diesem Fall auch weniger auf Landessparkasse, sondern vielmehr auf Kunst- und Kulturstiftung, von deren vielfältigen, segensreichen Aktivitäten ich doch gewiss schon gehört hätte. Bevor ich wahrheitsgemäß „nun ja" antworten konnte, fuhr die Dame gleich fort, man erwarte von mir als Schriftsteller natürlich auch gar keinen Festvortrag im herkömmlichen Sinne. Im Gegenteil erhoffe man sich eher etwas aus dem üblichen Rahmen Fallendes, etwas sozusagen Kreatives. Eben deshalb wende man sich ja an mich. Die Form des Vortrags sei mir jedenfalls völlig freigestellt.

Das hörte sich eigentlich ganz vernünftig an, aber weil die Dame das Wort „Form" einigermaßen nachdrücklich betonte, witterte ich den Haken im zwangsläufig folgenden Begriff: „Inhalt".

Aber nein, wurde mir versichert, auch der Inhalt sei einzig meine Sache.

Das hörte sich noch besser an. Da brauchte ich ja nur einen fertigen Text aus der Schublade mit der Aufschrift „Unverkäuflich" holen und hätte auf diese Weise ...

Als habe sie jedoch meinen geschäftstüchtigen Geistesblitz gewittert, erklärte die Dame rasch, dass die Veranstaltung zwar kein ausgesprochenes Thema verfolge, aber doch unter einer Art, nun ja, Motto stehe, einem Motto, dem sich übrigens die Kulturstiftung auch ganz allgemein verschrieben habe.

„Aha, aha", sagte ich und war darauf gefasst, nun etwas wie „Geist und Geld" oder „Kunst und Konten" serviert zu bekommen.

Aber weit gefehlt, sagte die Dame doch: „Im Norden."

Und auf meine ebenso verdutzte wie redundante Nachfrage „Wie jetzt? Im Norden?" sagte sie: Ganz recht, im Norden. Unter diesem Motto habe die Stiftung bereits diverse künstlerische Aktivitäten gefördert, und, nebenbei gesagt, solle zur musikalischen Untermalung des Festakts auch eine entsprechende zeitgenössische Komposition zu Gehör gebracht werden.

„Im Norden also", sagte ich nachdenklich und ließ Eisberge, Renntiergespanne und Mittsommernächte vor meinem geistigen Auge Revue passieren. Das war ja ein enorm weites und auch weitgehend weißes Feld.

„Habe ich Sie überzeugt?" unterbrach die Dame meine mentale Polarexpedition.

„Nun ja", sagte ich zögernd, weil mir die Sache immer noch nebulös vorkam, aber sie verstand mein Zögern offensichtlich gar nicht als kreativen, sondern als monetären Klärungsprozess, weil sie nämlich sagte, dass mein Beitrag selbstverständlich auch angemessen honoriert werde.

Und nachdem sie das Wort „angemessen" in eine konkrete Zahl übersetzt hatte, wurde mir schlagartig klar, dass ich schon immer mal gerne einen Text oder Vortrag zu diesem herrlichen Motto verfasst hätte. Im Norden. Wunderbar, dachte ich, das gute, schöne Bare, sagte es aber natürlich nicht laut, sondern murmelte etwas wie „schwierig, schwierig" und erbat mir zwei Tage Bedenkzeit.

∗

Wenn ich etwas zu bedenken habe, drehe ich immer im Oldenburger Schlossgarten ein paar Runden. Nach der ersten Runde wollte mir meine spontane Nordpolassoziation doch etwas abwegig vorkommen. Form und Inhalt waren mir zwar freigestellt, aber ob sich die Kulturstiftung der LzO durch Eskimos, Polarlichter und Hundeschlitten angemessen charakterisiert fühlen würde, war doch einigermaßen zweifelhaft. Und angemessen musste die Sache angesichts des angemessenen Honorars ja schon irgendwie sein.

Im Norden, dachte ich während der zweiten Runde, ist ja überhaupt eine höchst relative topografische Bestimmung. Wenn unsereiner, gebeutelt vom norddeutschen Schmuddelwetter, sehnsuchtsvoll an den Süden denkt, meint er in der Regel ja auch nicht gleich die Antarktis, sondern eher die freundlichen Gestade des Mittelmeers. Und für uns Oldenbur-

ger liegt bereits Helgoland hoch im Norden, von Hammerfest mal ganz zu schweigen, während umgekehrt Oldenburg, von beispielsweise Osnabrück aus betrachtet, durchaus im Norden liegt. Vom Nordpol bis Oldenburg ist es genauso weit wie in der Gegenrichtung von Oldenburg bis Zentralafrika. So gesehen liegt Oldenburg exakt im Zentrum einer gedachten Nord-Süd-Konstellation. Es kommt immer nur auf den Standpunkt des Betrachters an. Indem meine Überlegungen dergestalt bereits die Relativitätstheorie transzendierten und in die wogigen Regionen der Unschärferelation lappten, wurde mir etwas mulmig, weil ich von beiden Theorien nicht die geringste Ahnung habe. Dass mir Form und Inhalt freigestellt waren, war ja gut und schön, aber Hand und Fuß musste die Sache schon irgendwie haben.

Ich befand mich jetzt bereits auf der dritten Runde, genauer gesagt auf Höhe des Landgerichts, mithin im Osten des Schlossgartens, dessen Nordpol an der Kreuzung Gartenstraße-Theaterwall liegt. Aber indem ich das dachte, dämmerte mir, dass ich auf diese Weise den Nordpol meiner Überlegungen niemals als triumphierender Amundsen erreichen, sondern im Schlossgarten im Kreis herumirren würde wie weiland der unselige Scott.

Wenn's denn also am Inhalt einstweilen noch bedenklich haperte, konnte ich mir vielleicht schon einmal ein paar Gedanken über die Form machen. Die war mir ja genau so frei gestellt wie alles andere. Man erhoffe sich, hatte die Dame am Telefon gesagt, etwas aus dem üblichen Rahmen Fallendes, etwas sozusagen Kreatives. Mit anderen Worten hieß das ja wohl: eben keine Festrede. Aber was dann? Eine Kurzgeschichte? Warum eigentlich nicht? Beispielsweise eine Geschichte über Amundsen, der jedoch, am Nordpol angekommen, dort nicht die norwegische Flagge hisst, sondern einen Banner mit dem Logo der Stiftung Kunst und Kultur der Landssparkasse zu Oldenburg entrollt? Ziemlicher Blödsinn, zugegeben, aber Kunst und Literatur dürfen ja bekanntlich alles, und, wer weiß, meinem Auftraggeber würde das am Ende womöglich sogar gefallen.

Im Westen des Schlossgartens blieb ich auf der kleinen Holzbrücke stehen und schaute, wie man dichterisch so schön sagt: „sinnend", das heißt: inspirationsheischend auf die trübe und träge Bäke. Die Sache mit dem Banner war nicht nur kompletter Schwachsinn, sondern, schlimmer noch, auch schon wieder eine Frage des Inhalts, wo ich doch eigentlich über formale Aspekte nachdenken wollte. Also vielleicht doch eine Festrede? Aber eben keine, wie das auf festlich gestimmte Publikum sie zur Genüge kennt, also auf keinen Fall eine Rede, während der das Publikum darüber nachdenkt, wie man im Anschluss am schnellsten das kalte Büffet erreicht, sondern ... Tja, in diesem „sondern" lag das ganze Problem, lag da und rührte sich nicht. Je länger ich auf der Brücke stand, als desto flacher erwies sich das Inspirationspotential der Bäke.

Ich schlenderte weiter, passierte den Haupteingang des Schlossgartens mit den schönen schmiedeeisernen Toren, und begann die vierte Runde. In einem der hohen alten Bäume klopfte ein Specht. Es klang rhythmisch, fast wie ein Versmaß. Verbarg sich in diesem rhythmischen Gehämmer womöglich der Musenkuss? Ja doch, eine Festrede in Versen! In Ermangelung einer besseren hielt ich die Idee im ersten Moment für nahezu genial. Zumin-

15

dest, wie gewünscht, aus dem Rahmen fallend und allemal kreativ. Bei Versen musste ich mich nur in Acht nehmen, dass die Fest- nicht zur Büttenrede mutierte. Was reimte sich eigentlich auf Stiftung? Zuerst einmal ja wohl Dichtung, und dafür war ich immerhin der Experte. Weiterhin aber auch auf Richtung, was besonders glücklich war, weil ich mit einem solchen Reim einen eleganten Bogen zum Motto „Im Norden" schlagen konnte. Ich warf der als Specht verkleideten Muse eine Kusshand zu, und weil sich die Reimschleuse bereits sperrangelweit geöffnet hatte, fiel mir dabei ein, dass sich auch Specht auf allerlei reimen lässt, auf Knecht, auf bezecht, ja sogar auf Bertolt Brecht.

Aber indem mir der Name des verehrten Kollegen derart ins Hirn geklopft wurde, verließ mich schlagartig meine lyrische Verzückung. Ich erinnerte mich nämlich daran, dass Brecht einmal auf die Idee verfallen war, das Kommunistische Manifest in Hexameter zu fassen. Brecht musste da wohl ziemlich bezecht gewesen sein, und zum Glück konnte sein Freund, der Komponist Hanns Eisler, Brecht diese Schnapsidee dann auch ausreden.

Apropos Komponist. Hatte die Dame am Telefon nicht auch etwas von einer zeitgenössischen Komposition gemurmelt, die meinen Vortrag irgendwie untermalen oder wohltönend umranken sollte? So einer Komposition waren Form und Inhalt vermutlich auch freigestellt, aber Motto blieb Motto. Wie, fragte ich mich, klingt denn wohl „Im Norden" als Musik? Wie Griegs „Peer Gynt"? Oder wie Sibelius' „Karelien Suite"? Die Komponisten haben es ja gut. Sie schwelgen hemmungslos im Wohlklang und behaupteten hinterher einfach, so klinge halt die nordische Seele. Kann ja kein Mensch wirklich überprüfen oder gar verifizieren. Was, wenn ich einfach mal mit dem beauftragten Komponisten Kontakt aufnähme, um gegebenenfalls etwas Honig aus seinem Inspirationsdepot abzusaugen? Aber halt! Die Rede war nicht von Grieg oder Sibelius gewesen, sondern von einer zeitgenössischen Komposition. Und mit so genannter zeitgenössischer E-Musik habe ich so meine Schwierigkeiten. Wahrscheinlich bin ich in dieser Sache nur ein übler Banause, aber ich kann nicht anders, seit ich es als Stipendiat der Villa Massimo auch mit zeitgenössischen Komponisten zu tun gehabt habe. Verstehen Sie mich bitte nicht falsch. Die Komponisten waren bezaubernde Menschen. Probleme hatte ich nur mit ihren Werken. Einer bezeichnete seine Arbeit auch schon gar nicht mehr als Musik, sondern als Klanginstallation. Das war immerhin ehrlich und auch irgendwie konsequent, weil Lampen heutzutage ja auch nicht mehr als Lampen, sondern als Beleuchtungskörper bezeichnet werden. Aus dem Herzen spricht mir da schon eher der Komponist Frank Zappa, von dem ein schöner Satz stammt, den jeder Banker unterschreiben würde. Er lautet: „I'm only in it for the money."

Wie kam ich denn überhaupt auf so etwas? Ach ja, richtig, Specht, Brecht, Eisler, Komponist. Derlei Unfug kommt eben dabei heraus, wenn man an eine Festrede in Versen denkt. Wahrlich eine Schnapsidee. Inzwischen hatte ich die vierte Runde hinter mir, stand wieder am schmiedeeisernen Tor, gestand mir ein, dass der Schlossgarten als Inspirationsquelle für heute versagt hatte und verließ ihn. Und zwar in Richtung West-Nord-West.

*

Wenn gar nichts mehr geht, geht bekanntlich immer noch Google. In der Hoffnung, unterm Stichwort Norden ein paar Ideen abgreifen zu können, googelte ich mich also zur Internet-Enzyklopädie Wikipedia durch. Brauchbar für meine Zwecke war da freilich wenig bis gar nichts. Beispielsweise stand da, wie man ganz einfach die Richtung Norden ermitteln kann, und zwar ohne Kompass. Nachts bei klarem Himmel nehme man ein Lot, also einen Faden mit einem Gewicht am Ende, halte das lose Ende des Lots am ausgestreckten Arm mit den Fingern und bringe den Faden genau über den Polarstern. Das Gewicht ziehe den Faden nun senkrecht nach unten, und dort, wo der Faden den Horizont schneide, sei Norden. Je weiter man sich dabei dem Äquator nähere, desto genauer werde die Methode. Gut zu wissen, wenn man mal wieder nachts bei klarem Himmel, aber ohne Kompass, durch den Schlossgarten irrt, aber irgendwie auch reichlich kompliziert und, wie gesagt, völlig unbrauchbar für eine Festrede.

Ich beschloss, die Angelegenheit erst einmal gründlich zu überschlafen. Manchmal gibt's die Muse den ihren ja im Schlaf, weswegen der französische Schriftsteller Aragon auch ein Schild mit der Aufschrift „Der Poet arbeitet" an seiner Schlafzimmertür hängen hatte. Aber als ich am nächsten Morgen aufwachte, war mir immer noch nichts eingefallen. Ich erklärte mir das damit, daß mein Schlafzimmerfenster nicht nach Norden, sondern nach Süden weist, bezweifelte jedoch, ob derlei Detailinformationen über die Wohnsituation eines Schriftstellers für den Festvortrag verwertbar sein könnten.

Inzwischen wurde auch die Bedenkzeit, die ich mir erbeten hatte, bedenklich knapp, und als die freundliche Dame mich wieder anrief und sich nach dem Stand meiner Ideenfindung erkundigte, sagte ich wahrheitsgemäß: „Ich arbeite dran."

Die Dame, die ja nicht ahnen konnte, was unsereiner unter „Ich arbeite dran" versteht, war entzückt. Sie wolle sich keineswegs in meinen künstlerischen Produktionsprozess einmischen, sagte sie, aber falls ich ein Informationsgespräch mit dem Geschäftsführer der Kulturstiftung für sinnvoll halten sollte, wolle sie das gern arrangieren.

Da mein Informationsstand so gen Null tendierte wie meine Ideenfindung sich bislang als nichtig erwiesen hatte, hielt ich das nicht nur für sinnvoll, sondern geradezu unverzichtbar und murmelte etwas wie „kann ja vielleicht nicht schaden."

Im Übrigen, sagte die Dame dann noch abschließend, habe man von der Idee einer zeitgenössischen Komposition Abstand genommen. War sie etwa telepathisch begabt?

*

Eine Woche später saß ich mit der freundlichen Dame und dem nicht minder freundlichen Geschäftsführer bei Kaffee und Keksen im ziemlich aufgeräumten Geschäftsführerzimmer im Neubau der LzO. Eine Fensterfront wies in Richtung Hafen und Hunte, nach Osten also, woraus ich auch ohne Lot und Faden schließen konnte, dass die andere Fensterfront nach Norden wies, Richtung Nordtangente der Autobahn nämlich. Um bei meinen Gesprächspartnern gleich den gewünschten Eindruck zu schinden, kritzelte ich mir das Stichwort „Nordtangente" in mein Notizbuch. Schließlich arbeitet der Poet ja nicht *nur* im Schlaf.

Nun wurden mir allerlei Informationen zuteil – über die Geschichte der LzO im Allgemeinen und im Besonderen über das fördernde Wirken und Wollen der Kulturstiftung von A wie Ausstellungen aller Art bis Z wie Zinnkrug. Aber indem ich mir pflichtschuldig Notizen machte, wurde mir immer klarer, dass solche Informationen zwar reiches Material für eine Jubiläumsrede ergeben würde, aber eben für eine, die hübsch im Rahmen des Erwarteten und Erwartbaren blieb, zu halten von Vorstandsvorsitzenden oder Politikern, für eine Rede also, die man sich von mir ausdrücklich *nicht* erhoffte.

Auf meine Frage nach dem tieferen, mir nach wie vor geheimnisvoll verborgenen Sinn des Mottos „Im Norden" bekam ich die Antwort: „Wenn man vom Norden spricht, ist eines klar: Es ist alles eine Frage der Perspektive."

Das hatte ich mir ja nun auch schon irgendwie selber notdürftig zusammengereimt, notierte mir den Satz aber höflichkeitshalber und dachte resignierend: „Was das nun wieder soll?"

Nachdem der Geschäftsführer der Hoffnung Ausdruck gegeben hatte, mich mit seinen Ausführungen inspiriert zu haben und ich matte Zustimmung geheuchelt hatte, wurde mir noch die Zusendung diverser Broschüren in Aussicht gestellt. Meine Vorfreude hielt sich in Grenzen.

*

Da hatte ich allerdings, ich gestehe es hier und jetzt reumütig ein, den oder die Verfasser der Broschüre mit dem Titel „Im Norden. Das Kunstkonzept der neuen LzO" gründlich unterschätzt, ja, nahezu verkannt. Zwar enthielt diese Broschüre allerlei Informationen, die mir überaus bekannt vorkamen, weil die Verfasser den gleichen Wikipedia-Artikel wie ich konsultiert hatten. Und auch der Satz des Geschäftsführers, vom Norden zu sprechen sei eine Sache der Perspektive, fand sich wortwörtlich wieder. Bei genauerer Lektüre stellte sich allerdings heraus, dass dieser Satz keineswegs so relativistisch und vage gemeint war, wie ich ihn verstanden hatte.

Vielmehr wurde *Im Norden* hier endlich klipp, klar und clever definiert. Das Geschäftsgebiet der LzO, las ich, habe nämlich nichts mit Eisschollen, Skandinavien oder dem Ende der Welt zu tun. Aber es liege *im Norden* Deutschlands, und der Verwaltungsneubau der LzO-Zentrale liege *nördlich* vom historischen Kern der ehemaligen Residenzstadt Oldenburg, dem Zentrum des ehemaligen Oldenburger Landes. Im Umkehrschluss hieß das nichts anderes als: Wo Oldenburg ist, ist die LzO, und da Oldenburg im Norden Deutschlands liegt, ist *Im Norden* genau da, wo die LzO ist. Und das Zentrum der LzO ist der Verwaltungsneubau, in dem wir uns hier befinden. Mit anderen Worten und zwingender Logik:

Schluss mit der umständlichen Ausloterei von Horizont und Polarstern in wolkenlosen Nächten. Der Nordpol ist *hier*!

Diese unwiderlegbare Bestimmung des Nordens nötigt mir hohen Respekt ab. Und in ihrem lokalpatriotischen Selbstbewusstsein ist sie Musik in meinen Ohren. Auch wenn ich dreißig Jahre lang anderswo verbracht habe, bin ich doch ein ebenso eingeborener wie eingefleischter Oldenburger. Meine Familie ist hier seit über 250 Jahren ansässig, und wenn ich Oldenburg und *hier* sage, muss ich immer an meine Großmutter denken. Sie war so durch und durch Oldenburgerin, dass sie Todesanzeigen in der NWZ mit der Bemerkung quittierte: Der kauft jetzt auch nicht mehr bei Leffers. Sie hätte natürlich genauso gut sagen können: Der hat jetzt auch kein Konto mehr bei der LzO. Und wenn meine Großmutter Briefe adressierte, die das Stadtgebiet Oldenburgs nicht verlassen würden, schrieb sie nicht etwa Oldenburg auf den Umschlag, sondern *Hier*. Hätte sie die Definition der LzO noch erleben dürfen, hätte sie statt *Hier* vielleicht *Im Norden* geschrieben, die Verwechselungsgefahr mit der ostfriesischen Stadt Norden jetzt mal außer Acht gelassen.

Meine Ideenfindung, neudeutsch auch Brainstorming genannt, war jedenfalls durch die Lektüre der Broschüre an ein glückliches Ende gekommen. Ich wusste jetzt, was ich sagen würde. Meine Damen und Herren, würde ich sagen, Im Norden ist, wo die LzO ist, und der Nordpol ist hier, wo Sie sitzen und mir so geduldig zugehört haben. Dafür danke ich Ihnen. Und der Stiftung Kunst und Kultur der Landessparkasse zu *Hier* gratuliere ich herzlich zum 25-jährigen Jubiläum.

Christkind
oder
Weihnachtsmann?

Meine Mutter, die aus Westfalen kam, war katholisch; mein Vater entstammte einer Familie, die seit Anfang des 18. Jahrhunderts in Oldenburg lebte, und war also (und gewissermaßen selbstverständlich) evangelisch. Die Verbindung galt der katholischen Kirche, so der offizielle und schwer bedenkliche Begriff, als Mischehe, eine höchst suspekte Angelegenheit mithin, der nur unter der Bedingung kirchlicher Segen zu erteilen gewesen war, dass die Kinder im allein seligmachenden, katholischen Glauben erzogen werden würden. Das um so mehr, als die Stadt katholische Diaspora ist und war. Und Diaspora hieß, dass unser aufrechtes Häuflein rechtgläubiger Katholiken hier von Ungläubigen umzingelt war, Märtyrer unter lauter Ketzern und Heiden – soweit jedenfalls das Dogma. In der Praxis sah die Sache anders aus. Die Grenzen waren fließend, und gerade uns Kindern, die wir Mischehen entsprungen waren, geriet gelegentlich die Konfessionsfrage in einem Akt unbewusster Ketzerei aufs Erfreulichste durcheinander. Als ich einmal mit blutender Nase, zerkratztem Gesicht und zerrissener Hose nach Haus kam, antwortete ich auf die obligatorische Frage meiner Mutter, was ich denn nun wieder angestellt hätte, mit stolzgeschwellter Brust: Heut hamwer die Kattolieken verprügelt.

Es herrschten also, wie dies quasi ökumenische Missverständnis beweist, glücklicherweise keine nordirischen Zustände. Doch kam es auch und besonders zur Weihnachtszeit zu Verwirrungen der weltlichen und geistlichen Gefühle, insofern dann nämlich das wackere Fähnlein der Katholiken vom Christkind beschert wurde, während die sogenannten Evangelen ihre Geschenke vom Weihnachtsmann bekamen. In der Lesart meiner Kinderstube hatte man sich das Christkind als eine Mischung aus frisch geborenem Jesus und putzigem Puttenengelchen vorzustellen; ein irgendwie „voll" heiliges, zugleich aber auch neckisch-possierliches Wesen, das am 24. Dezember durch die Lüfte schwirrte, durch Schlüssellöcher und Türspalten in die Zimmer vordrang, dort die – wie auch immer transportierten – Geschenke deponierte, die Kerzen am Weihnachtsbaum entzündete, ein Glöckchen klingen ließ und verschwunden war, wenn wir endlich das Weihnachtszimmer betreten durften. Demgegenüber trat der protestantische Weihnachtsmann gelegentlich leibhaftig in Erscheinung, jedenfalls bei einigen meiner Freunde von der lutherischen Fraktion: Rotgewandet, rauschebärtig, sackbewehrt und hin und wieder sogar furchterregend rutenschwenkend. Manchmal kam er per fliegendem Schlitten, wahlweise mit oder ohne Rentiere, manchmal auch zu Fuß „von drauß vom Walde". Zu unlösbaren Konfessionskonflikten führte übrigens die wiederum überwiegend katholische Konkurrenzfigur zum Weihnachtsmann, der Nikolaus nämlich, insofern die Unterschiede zwischen ihm und dem Weihnachtsmann höchstens darin bestanden, dass der Nikolaus nicht zwangsläufig in roter Kutte aufzutreten hatte, keine Zipfelmütze trug, sondern einen Tiara genannten Kaffeewärmer mit aufgenähtem Kreuz, eine Art Ersatz-Heiligenschein, und bereits drei Wochen vor Weihnachten seine Runden drehte.

Zu jenen nun auch schon weit entfernten Zeiten, die uns immer wie gestern erst vorkommen, da meine Töchter Miriam und Laura noch heißgläubig im Banne solch märchenhafter Weihnachtsriten standen, hatten sich in unserem Haus die Sitten völlig verwirrt, was aber der Weihnachtsstimmung nie Abbruch tat. Die Sache war nämlich die, dass meine Frau die Weihnachtsformalitäten aus ihrer Heimat USA insofern importiert hatte, als dass der Heilige Abend nunmehr Christmas Eve hieß und Strümpfe an den Kamin gehängt wurden. Nachts reiste dann Santa Claus per fliegendem Rentierschlitten vom Nordpol an, kroch irgendwie durch den Schornstein ins Haus und füllte die Strümpfe mit allerlei Schnickschnack. Die eigentliche Bescherung fand am Ersten Weihnachtstag nach dem Frühstück statt. Und so machen wir's immer noch (weshalb das Weihnachtsfrühstück stets in Rekordgeschwindigkeit über die Bühne geht).

Um derlei heidnisches Brauchtum zumindest notdürftig auszugleichen, verbrachten wir den Heiligabend bei Miriams und Lauras Oma, die mit der entschiedenen Bodenständigkeit ihres westfälischen Katholizismus wiederum das Christkind wirken und walten ließ und auch unbeugsamen Wert darauf legte, dass vor dem Öffnen der Geschenke die Weihnachtsgeschichte des Lukas-Evangeliums vorgelesen wurde (in der allerdings zum Verdruss der Mädchen nie die Heiligen Drei Könige vorkamen) und allerlei einschlägiges Liedgut abgesungen werden musste.

Doch in die Christmette ging Oma dann lieber allein: Die Mädchen konnten nicht so lange aufbleiben, und ihr Sohn war längst schon vom rechten Glauben abgefallen. Und was sollte sie schließlich in dieser Hinsicht von einer Schwiegertochter aus – ausgerechnet – Amerika erwarten, jenem Land, in dem Mormonen, Adventisten, Baptisten, Wiedertäufer und neuerdings sogar hysterische Fernsehchristen umgingen und überhaupt das abenteuerlichste Sektenwesen blühte? Nein, da entließ uns Miriams und Lauras Oma in die selbstgebastelte Zügellosigkeit unserer deutsch-amerikanischen Weihnachtsrituale, betete lieber im Stillen für das Seelenheil ihrer armen, ungetauften Enkelkinder und dachte vielleicht auch schmerzlich-entsagungsvoll daran, dass ihr sauberer Herr Sohn seinerzeit als Ministrant eine wirklich tadellose Figur abgegeben hatte.

Das stimmt! Als Kind und noch bis weit in die Wirrnisse meiner Pubertät hinein war ich so fromm, wie es von mir erwartet wurde. Ich betete inbrünstig um alles Mögliche und Unmögliche und trug dem Lieben Gott sogar diverse Tauschgeschäfte an: Wenn – beispielsweise – die morgige Mathearbeit zumindest mit einer Vier schadlos an mir vorübergeht, dann stelle ich in der Kirche eine Kerze auf. Aber solche Aktivitäten auf dem Schwar-

zen Markt des Glaubens schlugen fast immer fehl. Der Liebe Gott ließ statt der erhofften Vier wieder mal eine Fünf gerade sein, und zur Strafe ersparte ich mir die Kerze. Oder war es umgekehrt? Auch ging ich regelmäßig zur Beichte, bevorzugt beim schwerhörigen Dechanten, dessen gnädig-seniles Desinteresse an allen Sünden lediglich bei Verstößen gegen den Paragraphen „Schamhaftigkeit und Keuschheit" in detailversessene Neugier umschlug. Absolution gab es aber immer, und das Strafmaß, die Menge der abzuleistenden Bußgebete also, war zumeist gering. Außerdem genoss ich als Messdiener und damit als Handlanger der Priesterschaft ja eine gewisse Immunität und war zudem überzeugt, dass mein hingebungsvolles Hantieren mit Weihrauch und Messwein, Weihwasser, Hostien und Glöckchen, das rappelnde Aufsagen der Stufengebete und besonders die gelegentliche Bereitschaft, schon zu nachtschlafender Zeit der Frühmesse zum gottgefälligen Dienen anzutreten, mir im himmlischen Haushaltsbuch auf der Habenseite gutgeschrieben wurden. Zu Offenbarungen, die ich mir dringend wünschte und herbeizubeten versuchte, kam es freilich nie. Ich sah bei der Wandlung keine Engel fliegen, und wenn man probeweise auf die Hostie biss, war dort auch keineswegs, wie behauptet, der Leib Christi zu spüren. Und selbst zu Weihnachten hielt sich das verordnete Glücksempfinden über die Geburt des Erlösers in Grenzen. Es kam darauf an, den Jubel über die Geschenke durch wohlkalkuliertes Interesse an der Krippe zu dämpfen und auszutarieren, die unter dem Weihnachtsbaum aufgestellt war.

Und als ich etwa so alt wurde, wie Laura heute ist, bekam der fromme Lack einen Kratzer nach dem anderen, bis ich als Sechzehnjähriger, zum Entsetzen meiner Mutter und zum schmunzelnden Einverständnis meines protestantischen bis agnostischen Vaters, die Teilnahme am Religionsunterricht verweigerte. Begonnen hatte dieser stufenweise Abfall vom Glauben vermutlich mit jenem Gefühl heftigster Peinlichkeit, die ich empfand, wenn sich unser romfrommes Häuflein zu Fronleichnam im Eversten Holz zusammenfand und anschließend zur Pfarrkirche prozessierte. Im Messdienergewand, dessen offensichtliche Mädchenhaftigkeit „leider Gottes" nicht zu leugnen war, wallte ich weihrauchschwingend in diesem Zug mit, der von den evangelischen Heiden am Straßenrand so kopfschüttelnd bestaunt wurde, als sei der Kölner Karneval vom rechten Weg abgekommen.

Rhabarberkuchen
mit und ohne Silberbart

Juli 1960: Unsere Badesachen lagen im Stauraum hinter der Rückbank, auf der mein Bruder und ich erwartungsfroh saßen, während mein Vater auf die Armbanduhr blickte und ungeduldig aufs Lenkrad trommelte. Dann stieg auch meine Mutter auf den Beifahrersitz. Mein Bruder und ich dachten und mein Vater sagte: „Na endlich", drehte den Zündschlüssel, und der VW-Käfer sprang meckernd an.

„Hab nur noch schnell ein Sträußchen aus dem Garten geholt", sagte meine Mutter und quetschte ein paar Veilchen in die V-förmige Blumenvase am Armaturenbrett.

„Jetzt wollen wir mal richtig Gas geben", sagte mein Vater, als wir auf der Landstraße waren.

„Aber vorsichtig", sagte meine Mutter.

„Hundertzehn!" sagte mein Vater triumphierend. „Der schafft auch hundertzwanzig, aber das riskier ich erst, wenn er vorschriftsmäßig eingefahren ist." Hundertzehn war natürlich schon enorm.

„Wie 'n Sputnik", sagte mein Bruder. Als uns ein totschickes Borgward-Cabriolet mit offenem Verdeck überholte, sagte meine Mutter: „Unverantwortlich." Mein Vater guckte irgendwie neidisch.

Als wir auf dem Parkplatz von Dangast ankamen, stand der Borgward schon da. „Die werden sich noch wundern", sagte mein Vater.

„Wieso?" sagte ich.

„Wenn's regnet", sagte mein Vater. „Im Rundfunk war von Gewittern die Rede."

Im Augenblick schien aber noch die Sonne, und wir freuten uns aufs Wasser. „Die Nordsee ist doch immer wieder schön", sagte meine Mutter, doch als wir mit Picknickkorb und Wasserball den Strand erreichten, war die Nordsee weg. Statt Wasser starrten wir auf eine bleigraue, in der schwülen Hitze modrig müffelnde Schlickfläche, an deren äußerstem Ende es vage blau blinkte.

Das war vermutlich die Nordsee. Kilometerweit entfernt. „Tja", sagte mein Vater, „Ebbe."

„Das hätten sie ja nun auch mal im Rundfunk sagen können", sagte meine Mutter. Mein Bruder und ich sagten gar nichts.

„Ihr könnt ja mal 'ne Schlickburg bauen", sagte mein Vater.

„Och nö", sagte mein Bruder.

„Oder Muscheln suchen", sagte meine Mutter.

„Och nö", sagte ich.

„Wollt ihr nicht wenigstens den Wasserball aufblasen?" sagte mein Vater. „Wir können ja vielleicht Fußball —"

„Nö!"

„Ihr seid wirklich verwöhnt", sagte meine Mutter, und als wollte der Himmel ihre Worte betonen, zuckte im Nordwesten vor düster dräuender Wolkenwand ein erster Blitz, gefolgt von mürrischem Donner.

„Hab ich's nicht gesagt?" sagte mein Vater. „Gleich steht hier alles unter Wasser." Er schmunzelte. Wahrscheinlich dachte er an das offene Cabriolet. Ein zweiter Blitz riss durchs Gewölk.

„Ein Himmel wie von Radziwill", sagte meine Mutter versonnen.

Mein Bruder und ich verstanden Bahnhof. Lag Radziwill hier irgendwo in der Nähe?

„Lasst uns schnell ins Kurhaus laufen", sagte sie. „Da trinken wir gemütlich Kaffee und essen den leckeren Rhabarberkuchen."

Mein Bruder und ich sahen uns erschrocken an und sagten wie aus einem Munde: „Bäh! Rababa!" Wie man das Zeug schrieb, wussten wir damals ja noch nicht; wir wussten aber, dass es ekelhaft schmeckte, sauer und pelzig auf Zunge und Zähnen, und wir wussten es genau, weil wir jeden Sommer aus dem Gemüsegarten eines Nachbarn mit Rhabarber, Rhabarber, Rhabarber beschenkt wurden, den meine Mutter zu Kompott verkochte. Sie schaufelte zwar Unmengen Zucker hinein, aber süß wurde die Pampe nie. Und ausgerechnet das sollte uns für die verschwundene Nordsee entschädigen?

Erste, schwere Tropfen klatschten auf den Matsch, der eigentlich Nordsee sein sollte. Wir hasteten Richtung Kurhaus, vorbei am Borgward, dessen Verdeck inzwischen leider geschlossen war. Heute ging aber auch alles schief! Als wir im Kurhaus ankamen, waren wir klatschnass. Das Gewitter, das aus Richtung Radziwill herangezogen war, tobte sich über Dangast aus.

„Wollt ihr jetzt Rhabarberkuchen oder nicht?" fragte meine Mutter, als wir am Kuchentresen anstanden.

„Och nö!" Mein Bruder und ich bekamen dann Butterkuchen, der zwar lecker war, aber irgendwie fühlten wir uns um diesen Sonntag betrogen.

＊

August 1972: Die Türen waren mit psychedelischen Ornamenten bemalt und die Motorhaube mit dem Peace-Zeichen. Irgendwie war es gelungen, uns zu sechst in den Citroen 2 CV zu quetschen; die Bodenplatte schrammte fast auf dem Asphalt, aber da der Wagen es auf stramme 29 PS brachte, kamen auf jede Person zirka 4,83 PS. Von Oldenburg bis Dangast reichte das dicke. Kurz vorm Parkplatz des Kurhauses stiegen bis auf den Fahrer alle aus, um den Wagen nicht an den Dangaster Schlaglöchern zu Schrott werden zu lassen. Im Westen sackte die Sonne, rot und rund glühend wie die Spitze eines gigantischen Joints, über Siel und Deich, und aus den geöffneten Türen und Fenstern tönte es bereits vielversprechend. Werner Klugs E-Bass röhrte dumpf, Peter Behrens' Schlagzeug rumpelte grollend, und Hajo Teschners Gitarre jaulte und kreischte.

„Haben die etwa schon angefangen?" sagte einer von uns.

„Ich glaub, die üben noch", sagte ich.

„Macht das bei denen denn einen Unterschied?" sagte ein dritter, und wir kicherten.

Was da weit über Watt, Strand und Wiesen rumorte, war der von der Gruppe Silberbart erzeugte, himmlische Lärm. Das Rocktrio erfreute sich im kiffkontaminierten Bermudadreieck zwischen Wilhelmshaven, Oldenburg und Bremen eines legendären Rufs, weil sie eine Musik fabrizierten, die mit Hajo Teschners eigenen Worten in etwa so klang: „Wir experimentierten mit Geräuschen, Klangcollagen und vertrackten Rhythmen. Stampfende Hardrockpassagen wechselten mit bruitistischen Klangexzessen, hervorgerufen durch kontrollierte als auch anarchisch-freie Verstärkerrückkoppelungen, ebenso durch die Behandlung der Instrumente mit Messern, Biergläsern, Fäusten und Geigenbögen. Ein Ride-Becken ging zu Bruch, als der Drummer es auf den Boden schleuderte. Mit variablen Metren, extremen Saitenverstimmungen, wahnsinnigen Lautstärken und dekonstruktiven Zersplitterungen versuchten wir die Schallmauer des Erträglichen zu durchbrechen. Es gelang."

Es gelang auch an diesem Abend. Im Saal des Kurhauses saßen, lagen, hockten oder standen in einer süßlich duftenden Rauchwolke etwa 200 Freunde des Unerträglichen und lauschten dem musikalischen Wahnsinn, den Silberbart in die Dangaster Sommernacht entließ. Ein Stück hieß sinnvoller- oder -loserweise (das war ja egal) Brain Brain, der Text eines anderen bestand lediglich aus den plattdeutschen Zahlen Een Twee und hieß wahrscheinlich auch so. Als nach gut einer Stunde beständiger Schallmauerbeschädigung Head Tear of the Drunken Sun – was immer das heißen und uns sagen sollte – angestimmt wurde, befiel einen meiner Freunde und mich das Bedürfnis, mal nach draußen zu gehen, um unsere Gehörgänge durchzulüften.

„Wir nehmen uns noch Rhabarberkuchen mit", sagte mein Freund.

„Mag ich nicht", sagte ich. „Mochte ich schon als Kind nicht."

Mein Freund kaufte trotzdem zwei Stücke. „Wirst schon sehen", sagte er, „beziehungsweise schmecken." Wir gingen über die Klinkertreppe an den Strand.

Mein Freund rollte einen der schlanken Zweiblattjoints, für deren elegante Konstruktion er berühmt war. Wir rauchten und blickten den Sonnenresten nach, die im Meer versickerten. „Ach so", sagte ich, „verstehe."

„Was?" sagte mein Freund, „etwa Alles?"

Weil der Joint gut kam, verstand ich zwar annähernd Alles, hatte es aber gar nicht so kosmisch gemeint, sondern nur den rätselhaften Titel der, nun ja, Musik, die vom Kurhaus her durchs Zwielicht schollerte. „Head Tear of the Drunken Sun", sagte ich.

„Ja klar", sagte mein Freund, „logisch irgendwie. Und jetzt der Rhabarberkuchen." Er biss herzhaft in eins der Stücke, kaute, verdrückte den Kuchen in unglaublicher Geschwindigkeit, wischte sich mit der Zunge Krümel und Rhabarbersaft, der haargenau wie Sonnentränen aussah, aus den Mundwinkeln, lächelte dann verzückt wie ein Guru beim Eintritt ins Nirvana, sagte: „Das isses, echt, Alter" und reichte mir das zweite Stück.

Ich unterdrückte meine Rhabarberabscheu und biss misstrauisch hinein. Gar nicht so übel. Ein zweiter Bissen. Wenn nicht gar lecker. Ein dritter. Köstlich! Der vierte Biss war dann schon eine Offenbarung, und beim fünften war das Stück verdrückt.

„Und?" sagte mein Freund.

Ich nickte nur in stummer Ergriffenheit und blickte zum Kurhaus zurück. Es sah jetzt fast genauso aus, wie auf Radziwills berühmtem Bild *Der Strand von Dangast mit Flugboot*; aber nur fast, weil da, wo in Radziwills Himmel das Flugboot fliegt, nun ein saftiges Stück Rhabarberkuchen dem Kurhaus entgegenschwebte.

„Komm", sagte ich zu meinem Freund, „wir gehen wieder rein und holen uns noch ein Stück."

Und das taten wir auch, während Silberbart etwas spielte, was Chub Chub Cherry hieß, aber wie Rhabarber Rhabarber klang und meinen Ohren auch so schmeckte.

Wo Schlengenoog liegt

Den Sommer 1995 verbrachte ich in Bay Head an der Atlantikküste von New Jersey. Als ein Hurrikan aufzog, hisste man an den Stränden die roten Flaggen: Badeverbot. An den Piers wurden die Boote vertäut oder an Land gezogen und die Surfbretter hinter den Dünen in Sicherheit gebracht. Für hartgesotten-sportliche Windsurfer begann freilich jetzt erst der eigentliche Spaß. Brandungsbrecher dieser Güte wollten abgeritten sein, rote Flaggen hin, Warnungen in Zeitungen und Fernsehen her. Während unsereiner in einer Mischung aus ehrfürchtigem Staunen und heikler Wenn-das-mal-nur-gut-geht-Bedenklichkeit im gehörigen Sicherheitsabstand von den Dünen aus zusah, warfen sich diese Tollkühnen erst in ihre Neoprenanzüge und dann furchtlos ins tosende Welleninferno, wo sie die waghalsigsten Manöver ausführten. Offenbar wussten sie, was sie da taten.

Am nächsten Morgen wartete die Lokalzeitung allerdings mit einem Sensationsbericht auf: Weil ihm der Sturm den Mast geknickt hatte, war einer der wagemutigen Windsurfer manövrierunfähig vom Strand in den offenen Atlantik abgetrieben und wäre dort wohl auf Nimmerwiedersehen verschwunden, hätte ihn nicht zufällig ein Pilot der Küstenwache entdeckt, der mit seinem Hubschrauber einen Kontrollflug absolvierte und dem es gelang, den Windsurfer an Bord zu hieven. Zu einem wahrlich herzzerreißenden Melodram machte die mutige Tat aber erst die Tatsache, dass es sich bei Retter und Gerettetem um Brüder handelte – und zwar um ein Brüderpaar, das sich seit Jahren nicht mehr begegnet war und nur durch diesen Zufall zum unverhofften Wiedersehen fand.

Mir kam die unwahrscheinliche Geschichte merkwürdig bekannt vor, unwahrscheinlich bekannt sozusagen. Ein Bruder, der seinen Bruder, den er seit langer Zeit nicht mehr gesehen hat, aus Seenot rettet, ohne zu ahnen, dass es sein Bruder ist? Hatte ich das nicht schon einmal irgendwo gelesen? Natürlich nicht in der Zeitung, sondern – nach einigem Grübeln fiel es mir endlich ein: Im Deutschunterricht der siebten oder achten Klasse waren Balladen durchgenommen worden, klassische Kracher wie „Die Kraniche des Ibikus", „Die Füße im Feuer" oder „Die Glocke" – aber eben auch „Nis Randers". Jeder, der im Einzugsbereich der Nordsee zur Schule gegangen ist, dürfte wohl früher oder später damit konfrontiert worden sein. Für diejenigen, die den Text im Moment nicht mehr lückenlos auswendig parat haben, sei das sturm-durchtoste Rührstück hier noch einmal zitiert:

> Krachen und Heulen und berstende Nacht,
> Dunkel und Flammen in rasender Jagd.
> Ein Schrei durch die Brandung!
> Und brennt der Himmel, so sieht mans gut.
> Ein Wrack auf der Sandbank! Noch wiegt es die Flut.

Gleich holt sich's der Abgrund.
Nis Randers lugt – und ohne Hast
Spricht er: „Da hängt noch ein Mann im Mast.
Wir müssen ihn holen."

Da fasst ihn die Mutter: „Du steigst mir nicht ein:
Dich will ich behalten, du bliebst mir allein.
Ich will's, deine Mutter!
Dein Vater ging unter und Momme, mein Sohn.
Drei Jahre verschollen ist Uwe schon,
Mein Uwe, mein Uwe!"
Nis tritt auf die Brücke. Die Mutter ihm nach!
Er weist nach dem Wrack und spricht gemach:
„Und seine Mutter?"
Nun springt er ins Boot und mit ihm noch sechs,
Hohes, hartes Friesengewächs.
Schon sausen die Ruder.
Boot oben, Boot unten, ein Höllentanz!
Nun muss es zerschmettern – ! Nein, es blieb ganz!
Wie lange? Wie lange?
Mit feurigen Geißeln peitscht das Meer
Die menschenfressenden Rosse daher.
Sie schnauben und schäumen.
Wie hechelnde Hast sie zusammenzwingt!
Eins auf den Nacken des andern springt
Mit stampfenden Hufen!
Drei Wetter zusammen! Nun brennt die Welt!
Was da? – Ein Boot, das landwärts hält.
Sie sind es! Sie kommen!
Und Auge und Ohr ins Dunkel gespannt „
Still – ruft da nicht einer? – Er schreit's durch die Hand:
„Sagt Mutter, 's ist Uwe!"

Verfasst wurde die Ballade 1907 von dem Hamburger Schriftsteller Otto Ernst (1862-1926), der ohne diesen seinen Geniestreich „Nis Randers" heute völlig vergessen wäre. Vermutlich geht das Gedicht auf ein authentisches Ereignis zurück und war bereits vor Ernst zweimal in Balladenform gegossen worden (von Julius Wolff und Frieda Schanz), aber erst Ernsts schmissige Version machte die Sache zur unverwüstlichen Nordseefolklore.

Und ausgerechnet am Strand von New Jersey wurde diese Geschichte für mich erneut lebendig. Ich ließ mir jedenfalls den schönen Zufall nicht entgehen, weil für einen Schriftsteller ein Zufall immer das ist, was ihm als Stoff zufällt, und schrieb den Roman „Der Mann im Mast". Das Buch erzählt die Geschichte nicht aus Sicht des unerschrockenen Retters Nis, sondern seines geretteten Bruders Uwe und geht Fragen nach, die in der Ballade offen bleiben: Warum ist Uwe Randers eigentlich verschollen? Und wohin hat es ihn verschlagen in den drei Jahren seiner Verschollenheit? In meiner Prosaversion wandert Uwe Randers nach Amerika aus, genauer gesagt, man ahnt es schon, nach Bay Head an der Küste New Jerseys. Dort macht er auf ziemlich märchenhafte, seemannsgarnartige Weise sein Glück, wird jedoch nach drei Jahren vom Heimweh übermannt, kehrt zurück, erleidet vor der heimischen Küste Schiffbruch und wird schließlich gerettet, wie sich's laut Ballade gehört.

Und schließlich wäre da noch die Frage, wo die Ballade spielt. Woher stammen eigentlich Uwe und Nis und das ganze „hohe, harte Friesengewächs"? Von der Nordsee, klar. Aus Friesland, logisch. Aber Nord- oder Ostfriesland? Von der Küste oder von einer Insel? Otto Ernst hält sich da bedeckt. Ich entschied mich jedoch für eine fiktive ostfriesische Insel namens Schlengenoog – und machte bald die Erfahrung, dass fast jede ost- und nordfriesische Insel ein bisschen Schlengenoog ist oder doch sein will. Denn als ich mit meinem „Mann im Mast" eine Lesereise machte, war man auf Norderney oder Juist, Sylt oder Amrum felsenfest, nein: friesenfest davon überzeugt, mit Schlengenoog gemeint zu sein. Und natürlich ließ ich die Norderneyer und Juister, Sylter und Amrumer in ihrem Glauben, die Heimat der wackeren Familie Randers zu sein. Man will seine Leser ja nicht enttäuschen.

Auf jener Lesereise kam ich allerdings nicht auf die Insel, die mir das Vorbild für Schlengenoog lieferte. Schade. Aber wer weiß, vielleicht lese ich eines Tages ja doch noch den „Mann im Mast" auf Wangerooge.

Gestrandet in Schlicktown

Die beiden Freunde, mit denen ich vor 20 Jahren einmal und nie wieder auf Segeltörn gegangen bin, heißen nicht Hein und Pit, aber ich nenne sie so, weil sie es mir sonst übel nehmen könnten, wenn ich hier die gesammelten Peinlichkeiten unseres erbärmlichen Abenteuers zur See ausplaudere.

Hein wohnte bei mir in der Nachbarschaft, stammte aber ursprünglich aus Wilhelmshaven; nach einer Lehre als Schiffselektriker hatte er der Stadt früh den Rücken gekehrt, an die er offenbar ungute Erinnerungen hatte. Wenn es sich nicht vermeiden ließ, sprach er den Namen wie Wümmshawn aus oder redete abschätzig von Schlicktown. Diese düstere, nie völlig aufgeklärte Aversion gegen seine Heimatstadt muss vorab erwähnt sein, weil sonst Heins Verhalten als unser Skipper noch bizarrer erscheinen würde als es damals sowieso schon war.

Hein war ein begnadeter Selfmademan, ein Genie des Eigenbaus, der ohne fremde Hilfe ganze Häuser hochzog und sich sogar ein eigenes Schiff gebaut hatte. Es lag in Varelerhafen, der damals noch nicht zu jenem „Geheimtipp" verunstaltet war, den Küstentouristen heutzutage als „urig" empfinden. Unter „selbstgebaut" stellte ich mir eine fragile Nussschale vor und traute meinen Augen nicht, als sich Heins Schiff als stolze Zehn-Meter-Yacht namens Niro entpuppte. Der Name kam mir spanisch vor, war jedoch die Abkürzung für Nirosta, weil die Niro aus Stahl war. Zehn Meter! Stahl! Selbstgebaut! Ich war fassungslos, aber Hein meinte, die Elektrik habe er ja mal in Schlicktown gelernt, und den Rest habe er einfach nach Bauplan ausgeführt. Die Jungfernfahrt habe er übrigens nach Lanzarote gemacht. Lanzarote? Ich hatte mich wohl verhört. War das nicht schon allerhöchste Hochsee? Mein Respekt vor Hein wuchs. Als er mir vorschlug, demnächst mit ihm einen Törn nach Helgoland zu unternehmen, zögerte ich allerdings, weil meine nautischen Erfahrungen sich darauf beschränkten, per Luftmatratze auf der Thülsfelder Talsperre und per Tretboot auf der Oldenburger Mühlenhunte unterwegs gewesen zu sein. Andererseits konnte eigentlich nichts schief gehen mit einem Skipper, der mit jeder Schweißnaht und jedem Schräubchen an Bord sozusagen auf du und du stand und die Niro heil nach Lanzarote und wieder zurück nach Varelerhafen gebracht hatte. Ich könne, meinte Hein schmunzelnd, ja den Smutje machen.

Als dritten Mann heuerte Hein unseren gemeinsamen Freund Pit an, der sofort Feuer und Flamme, um nicht zu sagen: Welle und Brandung war. Pit hielt sich für nautisch qualifiziert, weil er erstens aus Hamburg kam, womit ihm eine gewisse Seetüchtigkeit schon in die Wiege gelegt worden war; zweitens hatte sein Vater als U-Boot-Fahrer den Krieg überlebt; drittens hatte er mit einer geliehenen Optimistenjolle mehrfach die Hamburger Außenalster befahren; und viertens konnte er täuschend echt die Stimme von Hans Albers nachmachen – sein Paradesatz stammte aus dem Film *Große Freiheit Nr. 7* und lautete: „Üch bün 'n Wrrrack." Das, befand Hein, reichte. Bis Helgoland allemal.

Im Morgengrauen eines stillen Septembertags gingen wir an Bord. Das heißt, Hein und Pit gingen, während ich über eine Taurolle stolperte und dabei den Proviantkarton, für den ich als Smutje zuständig war, ins trübe Wasser von Varelerhafen fallen ließ. Um Ersatz zu besorgen, war es zu spät, weil wir pünktlich zur Öffnungszeit am Sieltor sein mussten, um in den Jadebusen auslaufen zu können. Nachdem Hein und Pit mich ausgiebig beschimpft hatten, beschlossen wir, bis Hooksiel zu fahren und dort neuen Proviant zu bunkern. Wir machten die Leinen los, und Hein warf den Motor an, der durchaus vertrauenserweckend vor sich hin dieselte. Ob wir denn nicht das Segel aufziehen sollten?, erkundigte ich mich und erntete gutmütiges Gelächter. Segeln, erklärte Hein, könne man erst ab Wümmshawn. Bis dahin gehe es durchs Jadefahrwasser per Motor. Das war eine gewisse Erleichterung, da ich nicht die geringste Ahnung hatte, wie das Segel zu setzen wäre – aber das sollte ja ohnehin die Aufgabe des jollenerprobten Pit sein.

Als wir das Sieltor passierten, der Wärter uns leutselig zuwinkte, die Niro gutmütig nordwärts tuckerte, die Luft nach Salz schmeckte und der Wind mächtig auffrischte, überkam mich ein Gefühl, als hätte ich soeben Kap Horn umrundet. Hein, der am Steuer stand, blickte jedoch skeptisch zum Himmel. Der Seewetterbericht, knurrte er, hätte Südwestwind der Stärken 3 bis 4 angekündigt, aber wir hätten es jetzt mit Nordwestwind zu tun, der draußen auf der Nordsee vermutlich 5 bis 6 erreichen würde.

„Kreuzen wir halt gegen den Wind", sagte der Alsterwassersegler Pit draufgängerisch.

„Dann kommen wir aber erst übermorgen in Helgoland an", sagte Hein.

Und ich dachte: Ach, du Scheiße.

Linkerhand, Pit sagte wichtigtuerisch „backbord", kamen langsam die Industrieanlagen von Wilhelmshaven in Sicht. Hein blickte mit zusammengekniffenen Augen demonstrativ nach vorn, sagte: „Scheißschlicktown" und hielt die Niro so weit wie möglich rechts, „steuerbord", fachsimpelte Pit, im breiter werdenden Fahrwasser. Eine halbe Stunde später näherten wir uns dem Außenhafen von Hooksiel und damit unserem wohlverdienten Frühstück. Unsere Vorfreude bekam allerdings einen schweren Dämpfer, als Hein plötzlich meinte, der Motor laufe irgendwie „unrund", Pit mit der Anweisung, weiter Kurs Nord zu halten, das Steuer überließ und nach unten ging. Pit und ich konnten nichts Unrundes hören; der Motor tuckerte so gleichmäßig vor sich hin, wie er es von Anfang an getan hatte. Nun ja, wir waren blutige Laien, „dreggige Londrodden", wie Pit es mit Hans Albers formulierte.

Als Hein mit ölverschmierten Händen zurück an Deck kam, sah er so finster aus, als hätte er jahrelange Zwangsarbeit in Wümmshavn hinter sich. „Irgendwas mit den Kolben", murmelte er unklar, „hört sich gar nicht gut an, muss schleunigst repariert werden."

„Wenn du den Kahn selbst gebaut hast, musst du ihn doch auch reparieren können", sagte ich.

Hein nickte. „Kann ich auch. Aber nicht hier mitten in der Fahrrinne. Wir müssen anlegen."

„Wir sind ja auch schon fast in Hooksiel", sagte Pit.

Hein schüttelte den Kopf. „Ich brauche vielleicht Ersatzteile. Die krieg ich nicht in Hook-siel. Wir müssen zurück nach", er verzog schmerzverzerrt das Gesicht, machte eine Pause und spuckte das Wort schließlich so angeekelt aus, als hätte er einen Eimer Wattwürmer verschluckt, „Wümmshawn."

Im für mich als Landratte undurchsichtigen Gewirr der Hafeneinfahrten, Anleger und Piers von Wilhelmshaven schien Hein sich gut auszukennen und brachte die Niro routiniert an einen Kai.

„Erstmal frühstücken", sagte Pit.

„Ist eh schon Mittag", sagte ich.

„Wenn's sein muss", sagte Hein unwirsch, führte uns aber am Südstrand hinter der Kaiser-Wilhelm-Brücke in ein Lokal. „Scheißladen", sagte er, „aber was soll's?"

Wir aßen „Scholle satt", selbst Hein schien es zu schmecken, tranken ein paar Bier-chen dazu und kehrten zur Niro zurück. Hein machte sich daran, das angeblich Unrunde des Diesels wieder rund zu biegen.

„Können wir helfen?", fragte ich rhetorisch.

„Bloß nicht", sagte Hein und verschwand mit einem Werkzeugkoffer im Maschinen-raum.

Pit und ich besorgten an einem Kiosk mehr Bier, setzten uns ins Cockpit der Niro und fanden eigentlich alles ganz gemütlich, während wir von unten Hein vor sich hin fluchen hör-ten. „Schlicktown", schimpfte er, „das Drecksnest lässt mich einfach nicht los." Ich weiß nicht mehr, wie lange er herumschraubte, aber als er wieder an Deck kam, dämmerte es bereits.

„Und?" fragte ich, „alles wieder rund?"

Hein erklärte, den Schaden provisorisch immerhin soweit behoben zu haben, dass wir sicher bis Varelerhafen zurückkämen. Dort würde er dann „den ganzen Scheißdiesel" aus-einander nehmen. Da wir aber heute nicht mehr durchs Sieltor kämen, müssten wir an Ort und Stelle übernachten. Wir gingen wieder ins Scholle-satt-Lokal, spielten nach dem Essen Skat und tranken rundenweise Lütt un' Lütt dazu, was unsere Moral deutlich hob. Selbst Hein war bester Laune, als wir schließlich in die Kojen der Niro krochen. Aber kurz bevor ich einschlief, hörte ich ihn plötzlich flüstern: „Scheißschlicktown. Ich hätte es wissen müssen."

Am nächsten Mittag machte die Niro wieder in Varelerhafen fest. Hein, Pit und ich ha-ben nie wieder über diesen verkorksten Törn gesprochen. Wochen später ist mir jedoch der Verdacht gekommen, dass am Diesel der Niro alles in bester Ordnung gewesen ist und Hein das angeblich Unrunde nur vorgeschoben hat, als ihm dämmerte, dass er mit zwei dreggi-gen Londrodden wie Pit und mir als Besatzung nie und nimmer bis Helgoland gekommen wäre.

Ein Firmenschild

Ein filigranes Geflecht stilisierten Weinlaubs aus Schmiedeeisen umrankt den Frakturschriftzug *Weinkeller*, unter dem prall und glänzend eine Rebe aus Messing hängt, durchs luftige Rankenornament jedoch in schwereloser Schwebe gehalten. Mit dem historisch verspielten, prunkvollen Dekor der Fassade bildet das Schild eine derart organische Einheit, dass im flüchtigen Blick des Passanten der Eindruck entstehen könnte, es sei nicht an der Hauswand befestigt worden, sondern ihrer ornamentalen Üppigkeit entsprossen. Und was das Firmenschild verspricht, liegt ihm auch gleich zu Füßen: Wein. An der Hauswand reiht sich Holzfass an Holzfass, von der Ecke Lange Straße die gesamte Baumgartenstraße entlang. Zu sehen sind an die 50 Fässer, und wenn man im Geiste weiter zählt, dürften es bis zur Ecke Achternstraße gut und gern über 100 sein.

Das denkwürdige Genrebild verdanken wir einer ehrwürdig verblichenen Fotografie aus dem Jahre 1906. Sie zeugt von der Trinkfestigkeit unserer Urgroßeltern und Großeltern und zeigt die Fassadenflucht jenes Gebäudekomplexes, der zwischen 1860 und 1890 in mehreren Bauabschnitten errichtet wurde, um der Firma Joh. Heinrich Hoyer als Geschäftshaus zu dienen. Unsere Altvorderen pichelten ihre Schoppen im Weinkeller, dem sich eine Weinhandlung und ein Kolonialwarenladen anschlossen. Der hintere Gebäudetrakt war an die Schankwirtschaft *Pschorr Bräu* verpachtet, die im Gewölbekeller auch eine Tanzdiele betrieb. Mein Vater hat mir einmal erzählt, dass er in den dreißiger Jahren als Gymnasiast und in den vierziger Jahren als Frontoffizier auf Heimaturlaub dort gern das Tanzbein geschwungen habe.

Im Lauf von über 100 Jahren wechselten Besitzer und Betreiber des Ensembles mehrfach, doch irgendein freundlicher *genius loci* scheint darüber gewacht zu haben, dass dieser Teil der Baumgartenstraße stets Heimat einer Gastronomie blieb, deren Interieurs und Musikangebote mit den jeweiligen Moden kamen und gingen, die jedoch immer ein bestimmtes Publikum anzog, jüngere Leute zumeist, Schüler der städtischen Gymnasien, Studenten des Lehrerseminars, später der Pädagogischen Hochschule und dann der Universität. In den fünfziger Jahren mutierte das *Pschorr Bräu* zum *Löwenbräu*; die Tanzdiele hieß nun *Palette* und war um 1960 herum Treffpunkt von Künstlern, Lebenskünstlern, Theaterleuten und der existentialistisch gestimmten Intelligenz. Man kleidete sich schwarz, rauchte Pfeife oder filterlose Gauloise, hörte Play Bach und Hildegard Knef, verachtete mit Heidegger jede Form des „man" und erholte sich in der *Palette* vom Gefühl des In-die-Welt-Geworfenseins, für das die Lektüre von Camus und Sartre verantwortlich war.

Spätestens Mitte der sechziger Jahre war die existentialistische Schwermut jedoch verweht vom frischen Wind eines Lebensgefühls, das seinen entscheidenden Ausdruck in der Beat- und Rockmusik fand. Die *Palette* wurde zur Diskothek *Montparnasse* und Heinrich Hoyers Weinkeller zum *Gretna Green* – zusammen bildeten sie einen längst Legende geworden Doppelpack der Oldenburger Kneipenszene. Beide Lokale wurden vornehmlich von Schülern und Studenten frequentiert. Diskotheken waren damals noch eine Seltenheit, weshalb sich das *Montparnasse*, kurz und liebevoll *Monti* genannt, größter Beliebtheit erfreute. Geöffnet wurde an manchen Tagen bereits nachmittags um Drei, so dass man fast übergangslos vom Klassenzimmer auf die Tanzfläche wechseln konnte – wodurch so manches Abitur in Gefahr geriet.

Das *Gretna Green* war eher eine gediegen-klassische Bierkneipe mit langem Tresen und einem offenen Kamin, an dem Würstchen gegrillt wurden. In der Pistolenstraße, der Gasse zwischen Baumgartenstraße und Markt, hatte sich inzwischen auch noch die Disko-

thek *Farmer Bill* etabliert, die allerdings als Haschhöhle verrufen war und von Schülern eher gemieden wurde – oder jedenfalls tunlichst gemieden werden sollte. Die Musik aber war überall die gleiche: Der Sound der Swinging Sixties, über den man sich auf beiden Seiten der Baumgartenstraße einig wusste. Nur die alte Streitfrage, ob Beatles oder Rolling Stones die bessere Band waren, blieb bis heute ungeklärt. (Wenn man mich fragt: Beatles!) Das Oldenburg der 60er Jahre war nicht London, und dennoch kam es uns so vor, als sei die Baumgartenstraße damals eine Art Verlängerung der Carnagie Street gewesen.

Das *Löwenbräu* war unterdessen dem *Montparnasse* einverleibt worden, und der Betreiber baute den hinteren Teil des Lokals zur *Scala* aus, einer Bühne, auf der an den Wochenenden Live-Bands auftraten, die Shakespeares aus Bremen beispielsweise, aber auch ein gewisser Eberhard Jupe, der damals als Mel Jersey recht schmissige, wenn auch nur mäßig erfolgreiche Rockmusik ablieferte, heute jedoch 50 Prozent des Oldenburger Gesangsduos Judith und Mel ausmacht, das unmäßig erfolgreiche, so genannte Volksmusik absondert.

Als ich nach dem Abitur 1971 Oldenburg verließ, hatten *Montparnasse* und *Gretna Green* ihre große Zeit schon weitgehend hinter sich. Teile des Publikum tranken und flirteten nun anderswo; insbesondere bot das *Dammtor* am Damm so manchem versprengten Ex-Monti-Gänger Exil. Die Kneipenszene in der Baumgartenstraße blieb gleichwohl unter wechselnden Flaggen und Neon-Firmenschildern erhalten.

Dreißig Jahre später zog ich mit meiner Familie wieder nach Oldenburg. Und meine Töchter, inzwischen selbst zu Teenagern und Gymnasiastinnen gereift, zog es sogleich und unwiderstehlich in die Baumgartenstraße. Dort hatte sich in all den Jahren offenbar nichts verändert, nur dass das *Montparnasse* nun *Schmizz* hieß.

„Ach", sagte ich, „da sind wir früher auch immer hingegangen. Und da würde ich auch gerne mal wieder reinschauen."

Meine Töchter zogen die Stirnen kraus. „Das geht nicht, Papa."

„Wieso nicht?" sagte ich.

„Dafür bist du doch viel zu alt."

Gut gegeben! Inzwischen heißt das *Schmizz* übrigens *Cubes*, aber ob nun *Cubes*, *César* oder *Schmizz*, *Monti*, *Palette* oder *Pschorr Bräu* – die Sache ist sich über ein Jahrhundert mehr oder minder gleich und irgendwie rührend treu geblieben. Und irgendwann werden auch meine Töchter zu alt sein, um dort mal wieder vorbeizuschauen, wo ihre Kinder dann verkehren, feiern, flirten und Musik hören.

Das *Gretna Green*, vormals Hoyers Weinkeller, heißt heute übrigens *Loft*. Und demnächst wird es, dem Zeitgeist Tribut zollend, gewiss auch mal wieder anders heißen. So lange aber das schmiedeiserne Firmenschild von Hoyers Weinkeller über dem Eingang hängt, wird sich in der Baumgartenstraße nichts Wesentliches ändern. Ich glaube nämlich, dass der ominöse *genius loci*, der freundliche, alterslose Hausgeist der Straße, seinen Sitz im filigralen Geranke dieses Schildes hat.

Schilda ist überall

Editorische Vorbemerkung

Wie bereits in der hiesigen Presse berichtet, ist beim Bau des Großparkhauses und dem daher notwendigen Abriss des letzten denkmalgeschützten Hauses der Stadt ein auf Kuhhaut geschriebenes Manuskript aufgefunden worden. Nach eingehender Prüfung durch ein philologisches und historisches Expertengremium steht nunmehr fest, dass es sich dabei um ein bislang als verschollen geltendes Kapitel des Schwankromans *Das Lalebuch. Wunderseltsame, abenteuerliche, unerhörte und bisher unbeschriebene Geschichten und Taten der Lalen zu Laleburg* aus dem Jahr 1597 handelt. Die zweite Ausgabe dieses Werks wurde übrigens unter dem Titel *Die Schildbürger* allgemein bekannt und zu einer Art Volksbuch deutscher Dummheit. Dem heutigen Sprachgebrauch behutsam angepasst, wird im Folgenden der Text dieses Sensationsfunds erstmals und exklusiv zum Abdruck gebracht.

Wie die Schildbürger ihr Schloss retteten

Als der große Krieg, der das Land verwüstet und die Städte in Schutt und Asche gelegt hatte, vorüber war, blieb nur die Stadt Schilda von den Feinden verschont und stand unversehrt in alter Pracht da. Das war freilich nicht der Gutmütigkeit der Feinde, sondern ihrer besonderen Arglist zu danken. Denn die sprichwörtliche Dummheit der Schildbürger hatte sich längst ja auch unter den Feinden herumgesprochen. „Das Schießpulver können wir uns sparen", hatten nämlich die Feinde zueinander gesagt, „sind doch die Bürger dieser Stadt so dumm, dass sie eigenhändig in Trümmer legen werden, was wir verschonen."

Und so kam es dann auch. Nachdem die Schildbürger sich über ihr unverdientes Glück verwundert die Augen gerieben hatten, stellten sie fest, dass in all den landauf, landab zerstörten Städten die in Trümmer geschossenen, schönen alten Gebäude hastig durch hässliche Neubauten ersetzt wurden. In ihrer Dummheit, die das Neue mit dem Schönen verwechselte, beschlossen die Schildbürger also, ihre alten, schönen Häuser niederzureißen und gegen hässliche auszutauschen. „Hauptsache neu", sagten sie. In jenen Jahren kamen auch größere Kutschen und schnellere Karren in Mode, und immer mehr Verkehr drängte in die Stadt.

Die Schildbürger freute das sehr, und da sie von ihrem närrischen Abrisswahn so berauscht waren, schlugen sie auch gleich noch breite Schneisen durch die schönsten Teile ihrer Stadt, auf dass all die Kutschen und Wagen schneller an ihr Ziel kommen könnten.

Aus den ganz alten Zeiten, da noch ein Herzog über Schilda geherrscht hatte, erhob sich mitten in der Stadt ein wunderschönes Schloss mit prächtigen Kavaliershäusern und einem Marstall. Das war die sogenannte Schlossmeile, und natürlich griffen die Schildbürger beherzt zu ihren Hacken, rissen weg und hackten nieder, dass es nur so eine Lust war, und errichteten dort hässliche neue Häuser für die mächtigen Kaufleute und Bankiers. Schließlich bauten sie auf die alte Schlossmeile ein Badehaus, das so ungeheuer neu war, dass selbst einigen der Schildbürger Zweifel kamen, ob es überhaupt schön sei. Das Schloss ließen sie einstweilen noch stehen, weil sie nicht recht wussten, was sie dann mit dem großen Platz anfangen sollten, und abzureißen gab es ja sowieso in Hülle und Fülle. Da stand zum Beispiel noch eine alte Feuerwache, herrlich wie ein Lustschlösschen. „Weg damit", sagten die Schildbürger. „Platz für die Kutschen." Und da stand ja auch noch das würdige Geburtshaus des berühmten Philosophen Bartherr. „Weg damit", sagten die Schildbürger, „Platz für die Kaufleute!" und hingen an die leere Stelle, an der das Haus gestanden hatte, ein Schild mit der Aufschrift „Bartherrgang".

Inzwischen hatte es sich bis zum Landesfürsten herumgesprochen, welche Narreteien die Schildbürger da trieben, und ein Minister des Landesherrn erließ ein Dekret, das dem hemmungslosen Treiben ein Ende setzen sollte. Aber die Schildbürger schmunzelten nur und flüsterten sich hinter vorgehaltener Hand abends beim Bier ihre heimliche Losung zu. Die lautete nämlich: „Was schert uns denn der Denkmalschutz? Hau weg den Scheiss, reiß ab den Schmutz." Und dann lachten sie, prosteten sich zu, gingen zu Bett und griffen am nächsten Tag wieder zu ihren Hacken.

Das ging so ein halbes Jahrhundert seinen Gang. So mancher Bürgermeister kam und ging auch wieder, und das hässliche Alte wich weiter dem schönen Neuen, bis eines Tages kaum noch ein Gebäude stand, das abzureißen sich gelohnt hätte. Darüber ärgerte sich der amtierende Bürgermeister natürlich sehr. Alle seine Vorgänger hatten etwas abreißen dürfen, nur ihm war nichts geblieben. Da brachte ihn ein märchenhaft reicher Kaufmann, mit dem der Bürgermeister gern den einen oder anderen Humpen Bier trank, auf die rettende Idee. Das Schloss! Das Schloss stand ja unsinnigerweise immer noch an der gleichen Stelle, an der es immer schon gestanden hatte. „Was für ein Unfug", sagte der Kaufmann. „Ein Schloss kostet nur Geld. Da bauen wir eins meiner schönen neuen Kaufläden hin." Der Bürgermeister war begeistert, neu! schön!, eilte zu seinen Ratsherren und rief: „Weg mit dem Schloss! Her mit dem Laden!"

Zu seiner Überraschung stimmten aber nicht alle Ratsherren in seinen Ruf ein. Inzwischen war nämlich selbst in Schilda eine Generation herangewachsen, denen das ewige Abreißen nicht mehr geheuer oder zumindest langweilig geworden war. „Wenn Ihr das Schloss abreißen lasst, Gevatter", sagten sie, „dann wählen wir uns einen anderen Bürgermeister."

Da lachte der Bürgermeister nur jovial, weil er seine Schildbürger zu kennen vermeinte und sagte: „Mit dem Kaufmann sind längst die Kontrakte besiegelt. Und außerdem: Wen wollt ihr euch denn wählen? Einen besseren als mich findet ihr nirgendwo."

Da steckten ein paar der Ratsherren aber die Köpfe zusammen, und einer von ihnen kannte einen hoch gelehrten, durch die Lande vagierenden Magister der sieben schönen Künste und Medicus. Den wollten sie zum Bürgermeister küren, wenn er verspräche, das Schloss zu verschonen. Der schlaue Magister schwor das auch sogleich hoch und heilig, doch war er kaum zum Bürgermeister gewählt, da wollte er von seinem Schwur schon nichts mehr wissen. Denn heimlich trank auch er gern seinen Schoppen mit dem sagenhaft reichen Kaufmann und hatte natürlich gewusst, dass längst Brief und Siegel auf den Abriss des Schlosses gegeben war.

Nun ärgerten sich die Schildbürger, dass sie so beschwindelt worden waren, und überlegten her und hin, wie sie aus ihrer Bredouille herausfänden. Schließlich war es der Kaufmann selbst, der sie auf die rettende Idee brachte. „Pacta sunt servanda", sagte er (das hatte ihm der hoch gelehrte Magister und Medicus, der nun Bürgermeister war, auf einen Spickzettel geschrieben), „aber wir können das Schloss bewahren, ohne auf meinen Laden zu verzichten." „Ja, wie denn das?" riefen die Schildbürger. „Ganz einfach", schmunzelte der Kaufmann. „Wir bauen den Kaufmannsladen einfach ins Schloss hinein und lassen nur die schönen alten Fassaden stehen."

Da brachen die Schildbürger in großen Jubel aus, ernannten den Kaufmann zum Ehrenbürger und beriefen den schlauen Magister zum Bürgermeister auf Lebenszeit.

Seitdem kamen die Menschen von nah und fern, um im Schloss von Schilda all das einzukaufen, was sie nicht brauchten. Die Schildbürger waren's zufrieden, nur dass sie jetzt nicht mehr wussten, wohin mit all den großen Kutschen, schnellen Karren und Wagen. Aber das ist eine ganz andere Geschichte …

Im falschen Film

Als der letzte Vorhang fiel, war das Wall-Kino bis auf den letzten Platz besetzt. Im Publikum rieb sich so mancher die Augen, sei es aus Rührung und Trauer über das Ende eines der architektonisch schönsten, traditionsreichsten Kinopaläste Deutschlands, sei es aus Überraschung über die kondolierende Anwesenheit von Oberbürgermeister und Kulturdezernent – überraschend, weil die Stadt für die äußeren und inneren Belange dieses Hauses bislang nur müdes Desinteresse gezeigt hatte. Den Art-Deco-Bau unter Denkmalschutz zu stellen, war nie jemandem in den Sinn gekommen; dass es am Ende doch noch geschah, wenn auch für den Betreiber zu spät, verdankt sich nicht der Stadt, sondern dem Einsatz der Oldenburgischen Landschaft. Schon die Verlagerung des Filmfestes aus dem Wall-Kino in Staatstheater und Cinemaxx hatte man achselzuckend hingenommen und damit demonstriert, dass einem das prestigeträchtige Subventionsgrab Theater und der konzerngestützte Kinosupermarkt genehmer und bequemer sind als jenes Haus, das wie kein anderes für 100 Jahre Oldenburger Kinokultur stand. Konsequenterweise war im Rahmen der Beratungen für den Kultur-Masterplan ursprünglich auch kein runder Tisch für Kino und Film vorgesehen, sondern kam erst zustande, als die Protagonisten dieser Sparte darauf drängten. Dass Film und Kino Kulturträger ersten Ranges sind, war der zuständigen Bürokratie mithin ein ersichtlich fremder Gedanke. Beim öffentlichen Begräbnis wollte man freilich nicht fehlen und heuchelte eine allzu späte, wohlfeile Solidarität,

Gesichtet wurde im nunmehr denkmalgeschützten, inzwischen leer geräumten Haus allerdings nicht der Baudezernent, was dann wohl auch die Heuchelei auf die Spitze getrieben hätte, steht doch das Kino am Wall – und damit an jener Straße, die einmal zu den schönsten in Oldenburg zählte, aber längst zu einer Ansammlung von behördlich genehmigten Bausünden und vor sich hin gammelnden Spekulationsobjekten verkommen ist. Was einst ein vom Park der Wallanlagen harmonisch gesäumter Boulevard gewesen war, ist im Lauf der Jahre systematisch zu einer gesichtslosen Verkehrstrasse verhunzt worden. Passanten meiden den Wall, weil die Bebauung hier kein einladendes, urbanes Lächeln zeigt, sondern als kariöses Gebiss grinst, in dem das Kinogebäude der letzte, gesunde Zahn ist. Von einer Sanierung des Straßenzugs wurde immer mal wieder geträumt und geschwafelt, geschehen ist bislang nichts, und vermutlich wird auch nichts geschehen. Von einem Baudezernenten, der erst unlängst die Verschmutzung des frisch verlegten, eigens aus China importierten Straßenpflasters in der Innenstadt zur „Patina" umgelogen hat, wäre wohl allenfalls zu erwarten, dass er den Verfall des Walls zur „Aura" schön redet.

Überhaupt stehen Wall-Kino und Straße exemplarisch für jene brutale Stadtzerstörung, die in Oldenburg seit einem halben Jahrhundert ohne Rücksicht auf Traditionen und Verluste durchexerziert wird, frei nach dem Motto:

Was schert uns denn der Denkmalschutz?
Hau weg den Scheiß! Brich ab den Schmutz!

Oldenburg war bei Kriegsende 1945 nahezu unzerstört – ein unwahrscheinliches, wenn auch unverdientes Glück, bedenkt man den vorauseilenden Gehorsam, der hierzulande schon 1932 eine nationalsozialistische Regierung installierte. Während man sich in den Trümmerwüsten der zerstörten Städte an den Wiederaufbau machte, riss man in Oldenburg kurzerhand nieder, was die alliierten Bombergeschwader verschont hatten. Die Liste dessen, was dem hemmungslosen Modernisierungswahn der fünfziger und sechziger Jahre zum Opfer fiel, ist ebenso lang wie traurig. Den unrühmlichen Gipfel dieses städtebaulichen Massakers bildeten „Maßnahmen" ums Schloss herum, dem architektonischen Herzen der Stadt. Die so genannte Schlossfreiheit wurde abgerissen und durch die gnadenlose Waschbeton-Hässlichkeit des Berliner Platzes mit Hallenbad und Bankgebäude ersetzt, der Paradewall und die ehemalige Verbindung zwischen Schloss und Schlossgarten dem Autoverkehr geopfert. Damit war ein einmaliges städtebauliches Ensemble unwiederbringlich vernichtet – dass an gleicher Stelle schon bald die Monstrosität des ECE das Schloss endgültig erdrücken sollte, ist in der immer noch wie geschmiert funktionierenden, durch verlogene Wahlversprechen notdürftig verschleierten Logik Oldenburger Stadtentwicklungs- und Baupolitik nur die letzte Konsequenz.

Der Wahnsinn, gegen den erklärten Willen der Bevölkerungsmehrheit öffentlichen Platz zugunsten von Investoreninteressen zu verschleudern und dabei den Denkmalschutz als Querulantentum altmodischer Bedenkenträger wegzuwischen, ist in dieser Stadt schon längst zur Methode geworden. Der ersten Einkaufspassage Oldenburgs fiel das Geburtshaus des Philosophen Herbart zum Opfer: die Bezeichnung Herbartgang darf also ebenso als zynische Verlustmeldung begriffen werden wie der Euphemismus Schlosshöfe für den in Beton gegossenen Größenwahn ECE. Für den Boykengang, dieser Spekulationsruine aus dem neoliberalistischen Lehrbuch, wurden denkmalgeschützte Häuser abgerissen, und wo im Lambertihof heute chronischer Leerstand gähnt, pulsierte einst lebendige Urbanität unter der floralen Gusseisenarchitektur der alten Markthalle.

Wir befinden uns leider nicht im falschen Film, sondern nur und immer noch in Oldenburg. Dort steht nun an einer Straße, die einmal schön war und vielleicht sogar wieder schön sein könnte, ein Kino, das schön war, aber kein Kino mehr ist. Es steht sogar unter Denkmalschutz, und das heißt mit anderen Worten: Lange wird es da nicht mehr stehen.

Kleines ABC
der Kommunalpolitik

Unter der Überschrift „Stellen Sie sich gut mit Pfarrern und Wirten" berichtete die Online-Ausgabe des Nachrichtenmagazins DER SPIEGEL im Februar 2009 über ein bundesweit einzigartiges Seminar. Die Fachhochschule Kehl in Baden-Württemberg bietet es einmal pro Jahr für Männer und Frauen an, die irgendwo in Deutschland den Chefposten im Rathaus anstreben. In einem dreitägigen Crashkurs üben künftige Kandidaten und Kandidatinnen, beim Volk zu punkten. Es ist eine Basislektion darin, wie der Wähler tickt. Bürgermeister-Anwärter lernen, wie sie im Wahlkampf beim Volk „gut ankommen" und sich nach erfolgreichem Wahlkampf verhalten sollten: „Gib Dich präsidial, steh zu Deinem Porsche – und zeig Dich niemals in der Badehose."

(Quelle: HYPERLINK „http://www.spiegel.de/unispiegel/jobundberuf/0,1518,608483,00.html" www.spiegel.de/unispiegel/jobundberuf/)

Natürlich reichen Kernpunkte wie präsidiales Gehabe, automobiles Markenbewusstsein und der Verzicht auf Badehosenpräsenz allein nicht aus, um das begehrte Amt zu erobern und erfolgreich zu verteidigen. Ein unabhängiges Expertengremium erarbeitet deshalb zurzeit ein Nachschlagewerk, das in Form von Stichworten alle relevanten Faktoren erfasst und definiert. Das Handlexikon Kommunalpolitik richtet sich übrigens ausdrücklich nicht nur an Bürgermeister, sondern an alle kommunalen Amtsinhaber, Politiker, Ratsherren und Dezernenten. Als kleines ABC der Kommunalpolitik kommt hier eine Auswahl der Stichworte zum exklusiven Vorabdruck.

Amtskette: Vergleichbar der Königskette bei Schützenfesten und Kohlfahrten, ist die A. die offizielle Insignie eines Bürgermeisters. Amtsinhaber vom Typus → Gutsherrenart hegen traditionell eine besondere Vorliebe für die A.

Bürger: Der B. ist ein mehr oder minder unberechenbares Subjekt und zu vernachlässigender Faktor der Kommunalpolitik. Allerdings verwandelt sich der B. im Vierjahresrhythmus zum sogenannten → Wähler und stellt als solcher grundsätzlich eine reale Gefahr für Amtsinhaber dar.

China: Als ostasiatisches Land ist C. für kommunalpolitische Kontakte nahe liegend, zumal es sich um eine lupenreine Demokratie und den Markt von übermorgen handelt. Hauptexportartikel: Pflastersteine für Fußgängerzonen, Masseure, Bademeister, Dopingmittel. Beim Empfang chinesischer Delegationen in der heimischen Kommune ist allerdings Vorsicht geboten, da Chinesen streng auf die Einhaltung von Bürgerrechten achten. Vgl. Ex-Bundeskanzler Kiesingers hellsichtige Warnung: „Ich sage nur Kina, Kina!"

Denkmalschutz: Sentimentale Wunschvorstellung ewiggestriger → Bürger. Etymologisch eine Verschleifung des ursprünglichen Begriffs Denkmalschmutz.

ECE: Die E. (Einkaufs-Center-Entwicklungsgesellschaft) ist zum Synonym für den wichtigsten Faktor moderner Stadtentwicklung geworden, nämlich der souveränen Missachtung irrationaler Bürgerwünsche. Eine verantwortungsbewusste Kommunalpolitik hat sich heutzutage vordringlich am ECE-Interesse zu orientieren, was auch den erfreulichen Nebeneffekt erhöhten Verkehrsaufkommens nach sich zieht. Vgl. auch → Parkhaus

Fotograf: Der wichtigste Multiplikator eines jeden Bürgermeisters. Dem F. ist der Amtsträger so oft wie möglich und stets mit einstudiertem Lächeln und erhobenem Daumen zu begegnen. Veranstaltungen, auf denen kein F. anwesend ist, sind von Kommunalpolitikern zu meiden.

Gutsherrenart: Beim → Bürger überaus beliebter Amtsführungsstil von Bürgermeistern, der jedoch einer gewissen schnauzbärtigen Jovialität bedarf. Als Steigerung der Gutsherrenart gilt neuerdings die Amtsführung á la „Kaiser von China".

Haltbarkeitsdatum: H. ist die scherzhafte Bezeichnung für das Ende einer Amtsperiode. Die Abwahl eines Bürgermeisters vor Ablauf des H. ist nur möglich, wenn sich Ratsmitglieder (vgl. → Rat) nicht der Fraktionsdisziplin, sondern ihrem Gewissen verpflichtet fühlen und also de facto ausgeschlossen.

Imponiergehabe: Rhetorisches I. mag nicht jedermanns Sache sein, aber ein Bürgermeister kann nicht anders. Um seine intellektuelle Kompetenz und Weltläufigkeit zu beweisen, muss seine Sprache durch englische Begriffe und Wendungen aufgewertet werden, und sogenanntes Namedropping ist unverzichtbar. Besonders überzeugend wirkt neuerdings die Berufung auf Barack Obama. Vgl. → Neologismus.

Jawohl: J. ist die angemessene Reaktion städtischer Dezernenten und Verwaltungsangestellter auf sämtliche Begehren eines demokratisch gewählten Bürgermeisters.

Kultur: K. ist grundsätzlich eine schöne Sache, die auch als Dekoration der eigenen Wichtigkeit zu nutzen ist. Vgl. → Imponiergehabe. Aber Achtung: K. macht Arbeit und kostet Geld. Um Mittel einzusparen, lässt man daher von ortsfremden Agenturen einen Kultur-Masterplan erstellen. Das kostet zwar auch Geld, führt jedoch zum erwartbaren Ergebnis, dass man jetzt schwarz auf weiß hat, was auch ohne Masterplan längst bekannt war.

Lüge: Die L. ist in der Kommunalpolitik ein unverzichtbares Mittel zum Zweck, in ein Amt gewählt zu werden. Die Frage, ob Wahlversprechen grundsätzlich als Vorstufe zur L. anzusehen sind, ist strittig. Vgl. → Umfaller und → Wähler.

Markt: Häufig in zentraler Lage zu findende, städtische Freifläche, deren antiquierte Nutzung als Wochenmarkt zu Gunsten profit- und profilträchtiger Events zu untersagen ist.

Neologismus: Zum notwendigen → Imponiergehabe eines Bürgermeisters zählt zwingend die üppige Verwendung von pseudointellektuellen Neologismen; z.B. redet man grundsätzlich von Event statt Veranstaltung, von Konfiguration statt Anordnung oder von Diskurs statt Gespräch.

Oldenburg: O. ist der Name einer Stadt in Nordwestdeutschland, die sich als „Übermorgenstadt" (vgl. → Slogan) bezeichnet.

Parkhaus: Eine Stadt ohne P. ist mindestens so antiquiert wie eine Stadt, die auf ihrem → Markt noch Obst und Gemüse verkauft wie in Postkutschenzeiten. P. muss hier stets im Plural begriffen werden und steht im Kausalnexus zu → ECE.

Querele: Die (zumeist im Plural) auftretende Q. bezeichnet den Dauerzustand in einem Stadtrat (vgl. → Rat), in dem der Verwaltungschef keine politische Mehrheit hinter sich bringen kann. Selbstüberzeugte Amtsträger (so genannte „Patex-Meister") bezeichnen diese Blockade jedoch als Chance und Herausforderung.

Rat: Der Stadtrat oder auch kurz R. verdankt seine Bezeichnung der Tatsache, dass er einen Bürgermeister beraten darf. Entscheidungen trifft einzig der Amtsträger. Vgl. → Gutsherrenart (Kaiser von China).

Slogan: Der S. ist ein Marketinginstrument, das in Kurzform auf den treffenden Begriff bringen soll, wofür die betreffende Stadt steht. Beispielsweise bezeichnet ein S. wie „Übermorgenstadt" die Gelassenheit seiner Verwaltung im Umgang mit aktuellen Problemen: „Morgen, morgen, nur nicht heute …"

Titel: Kommunalpolitiker, die über einen oder besser gleich mehrere T. (Dipl.-Ing., Geheimrat, Dr., Soz.-Päd., B.A., Kammerschauspieler, R.A., Prof., M.A. etc. pp.) verfügen, achten immer und überall auf die korrekte und komplette Nennung ihrer T., um die eigene Bedeutung klarzustellen und vom → Bürger den schuldigen Respekt einzufordern. Titellose Kommunalpolitiker nehmen Kontakt zu Konsul Weyer auf. Vgl. → Imponiergehabe.

Umfaller: Pejorativ gemeinte Bezeichnung für einen Politiker, der vor Wahlen etwas verspricht, was er nach Wahlen nicht hält. Vgl. auch → Lüge sowie → Bürger und → Wähler. Der Begriff ist schon deswegen ehrenrührig, weil er lediglich gängige Verfahren kommunaler Realpolitik beschreibt.

Versprechen: Vgl. → Umfaller, → Lüge. Hier ist besonders zu bedenken, dass vom → Wähler als Versprechen verstandene Absichtserklärungen in der Regel lediglich Versprecher sind. Mit „ich bin dagegen" kann z.B. jederzeit „ich bin dafür" gemeint sein. Aufgeklärte → Wähler wissen das auch, werden jedoch gelegentlich zu Nichtwählern, wenn sie jedes Versprechen für bare Münze nehmen.

Wähler: Der W. (vgl. → Bürger) ist ein notwendiges Übel.

XY: Aktenzeichen der kommunalen Verwaltung für chronisch ungelöste Probleme, also z.B. Schulsanierung, Umwelt- oder Sozialpolitik.

Zero: Z. beschreibt die bei Städten und Gemeinden übliche Haushaltssituation, wird jedoch souverän ignoriert, wenn über die Erhöhung von Gehältern und Aufwandsentschädigungen abgestimmt wird.

Moulis
Ein Flaschenreigen

Der Dichter Anton A. hatte es sich zum Prinzip gemacht, nur solche Dinge zu verschenken, die er sich insgeheim selbst wünschte, die für sich selbst zu kaufen er aber zu bescheiden, manche meinten auch: zu geizig war. So schenkte er beispielsweise seinem Freund Bernd B. zum fünfzigsten Geburtstag eine Flasche fünfzigjährigen Moulis Grand Cru, dessen Jahrgang in elegantem Understatement so klein auf das unscheinbare Etikett gedruckt war, dass man die Zahl ohne Brille kaum erkennen konnte.

Bernd B. erkannte den Jahrgang sehr wohl, und weil er wusste, dass man im Wein nur das schmeckt, was man über ihn weiss, legte er die Flasche im Keller ins gut sortierte Weinregal, um sie später, bei passender Gelegenheit, auf den Tisch zu bringen. Einen Monat später, Bernd B. befand sich auf einer Geschäftsreise im Ausland, bekam seine Frau Beate so kurzfristig eine Einladung zum Abendessen bei einem befreundeten Ehepaar, dass keine Zeit blieb, ein passendes Mitbringsel zu besorgen. Beate B., die wenig bis nichts von Wein verstand, lief in den Keller und griff sich, ohne zu ahnen, dass es die beste war, die erste Flasche im Regal – und so gelangte der Moulis an Claus und Christiane C.

Claus C. hätte ihn durchaus gern und bald getrunken, hätte der Arzt ihm nicht dringend geraten, seinen Alkoholkonsum einzuschränken, und Christiane C. trank wegen einer milden Tanninallergie ausschließlich Weiß- und Schaumweine. Der Moulis verlor sich also einige Wochen in der Hausbar neben jenen anderen Getränken, die sich als Geschenke in solche Bars zu verirren pflegen, ohne je angerührt zu werden – Pfefferminzlikör etwa, Heidelbeerwein. Lufthansacocktail oder biodynamischer Rhabarberaperitif. Als bald darauf Christiane C.s beste Freundin Dagmar D. ihr fünfundzwanzigstes Dienstjubiläum feierte, wurde der Moulis kurzerhand an sie weitergereicht.

Dagmar D. empfand das Geschenk ahnungslos, wenn auch nicht ganz unzutreffend, als eine der üblichen Sticheleien, die das Verhältnis zwischen ihr und Christiane C. würzten – manche meinten: vergifteten. Nichts als eine verstaubte Pulle Wein, deren Etikett dazu noch ausgesprochen billig wirkte und vermutlich auch so wirken sollte. Lieblose Präsente dieser Art wurden von Dagmar D. im Laufe des Jahres gehortet, um sie dann Weihnachten an die Männer von der Müllabfuhr, die Zeitungsfrau, ihren Friseur oder andere „dienstbare Geister" mit großer Nobelgeste zu verteilen.

Der Moulis traf Erwin E., den Postboten, der gerne Süßes bis höchstens Halbtrockenes mit möglichst bunten Etiketten trank, sich angewidert daran erinnerte, was für saures Zeug ihm Jahr für Jahr von Frau D. in die Hand gedrückt worden war und deshalb die Flasche umgehend für die Tombola der Post-Betriebsfeier stiftete.

Gewonnen wurde sie von Frauke F., der Gattin des Oberpostdirektors Florian F. Das Ehepaar führte ein gesundheitlich streng geregeltes Leben, ohne fleischliche Kost und selbstredend ohne Nikotin und Alkohol.

Somit gelangte der Moulis schon bald in die Hände des Oberstudienrats Gerd G., dem sich Frauke F. verpflichtet fühlte, weil er ihre Tochter bereits zwei Mal vorm Sitzenbleiben bewahrt hatte. Oberstudienrat G. war zwar durchaus peinlich berührt und wollte schon etwas von „Unbestechlichkeit" murmeln, nahm die Flasche dann aber doch, nachdem sein unbestechlicher Blick die bemerkenswerte Jahreszahl erspäht hatte. Gerd G. verstaute die Kostbarkeit ordnungsgemäß im heimischen Weinregal in der Abstellkammer und gedachte, sie dort weitere fünfzehn Jahre lagern zu lassen, um sie dann zur Feier seiner Pensionierung zu verkosten.

Oberstudienrat G. hegte allerdings die Hoffnung, alsbald zum Fachseminarleiter ernannt und damit teilweise vom alltäglichen Schulstress erlöst zu werden, und als er zu einem Essen bei dem für Lehrerausbildung zuständigen Germanistikprofessor Heinrich H. geladen wurde, an dem auch sein Oberstudiendirektor teilnehmen würde, war Gerd G. klar, dass die erhoffte Ernennung bevorstand. Wer würde sich da lumpen lassen? Der unbestechliche Oberstudienrat Gerd G. jedenfalls nicht, und so kredenzte er seinem Gastgeber als Gegengabe den Moulis. Tatsächlich wurde die Ernennung an diesem Abend in Aussicht gestellt; des Weins hätte es gar nicht mehr bedurft, zumal Professor H. am Magen litt und nur temperiertes Bier trank.

Professor Heinrich H. seinerseits hatte bereits mehrfach in germanistischen Aufsätzen das Werk des Dichters Anton A. erforscht, was diesem nicht verborgen geblieben war, sodass er es eines Tages für geboten ansah, diesen nützlichen Eckermann zu sich zu laden. Da Professor H. aus den Schriften des Dichters wusste (oder jedenfalls interpretierend erschlossen hatte), dass Anton A. Rotweinkenner, zumindest aber -trinker war, brachte er dem Dichter zum Dinner die Flasche Moulis mit.

Anton A. musterte nachdenklich das Etikett, entzifferte mit Hilfe seiner Lesebrille den Jahrgang und machte sich wohl seinen Reim auf das Gastgeschenk, indem er die Flasche sogleich öffnete, dekantierte und mit der Bemerkung, man gönne sich ja sonst nichts, schließlich zum Käse ausschenkte.

Tannenstolz

Zum Beispiel die robuste Nordmanntanne, Originalimport aus Skandinavien. Die halte garantiert bis Dreikönige durch. Wenn nicht bis Ostern. Oder eine Edelfichte aus den neuen Bundesländern? Etwas konventionell in der Zweigstruktur, aber ein grundsolides Stück. Spitze markant ausgeprägt. Auch die Blautanne mit dezenter Farbeinzüchtung im Nadelansatz werde heutzutage immer wieder gern genommen.

Seitenblick auf meine Teenage-Töchter, die das monologisierende Verkaufsgespräch mit stoisch-demonstrativem Desinteresse über sich ergehen ließen.

Fast ja schon Jeanslook ... Hier übrigens ein Teil aus garantiert bio-dynamischem Anbau. Erinnere in der äußeren Anmutung zwar an die ordinäre Zuchtfichte, dazu noch naturgewachsen und -belassen, also krumm, schief und spiddelig, sei aber pestizid- und düngefrei. Also auch entsorgungsmäßig null Problemo. Wenn der Baum ein Ei wäre, würde er sagen: Bodenhaltung freilaufend. Ansonsten die gute, alte Edeltanne, Schwarzwald. Durchaus ein deutscher Klassiker, passend besonders zu rustikalen Schrankwänden. Mit Zertifikat der baden-württembergischen Landwirtschaftskammer.

Oder etwas unbedingt Ungewöhnliches? Dann hätten wir hier die Alpentanne mit eingekreuzter Latschenkiefer, aber keine Bange, nix mit Gentechnik. Wunderbar geschmeidiges Nadelkleid, samtiger Ausdruck. Und für den Singlehaushalt, na, was meinen Sie wohl? Den Weihnachtsbonsai aus den Hochlagen Hokaidos. Nippon. Allerdings und mal ganz unter uns, wenn wir ihn, den Weihnachtsbaumfachhändler, fragen täten, doch schon arg verspielt. Und für einen Haushalt mit Kindern, wieder die Kids im Visier, ja nachgerade eher unpassend.

Laura und Miriam zogen die Augenbrauen hoch beziehungsweise runzelten die Stirn. Kinder?

Teens natürlich, eilfertigte der Fachmann. Wie, wenn man, also er, mal fragen dürfte, wie erleuchten Sie denn eigentlich?

Wie wir was?

Elektrisch oder konservativ?

Ach so, verstehe, sage ich. Mit Kerzen natürlich.

Natürlich. Versteht sich ja von selbst. Keine Experimente. Dann kommt in erster Linie wohl die kanadische Felsentanne mit kerzenfreundlich grobgliedriger Grünstruktur in Frage. Hab da noch ein besonders schönes Stück, hier. Für 250 Mark so gut wie geschenkt.

Wir wollen einen stinknormalen Tannenbaum, sage ich. Etwa zwei Meter groß. Muss auch nicht teuer sein. Meinetwegen aus der Baumschule von nebenan.

Der Fachmann nahm die rot-schwarz karierte Mütze mit den holzfällerartig hochgebundenen Ohrenklappen ab, zog sich die lederbewährten Arbeitshandschuhe aus, kratzte

sich am Hinterkopf und sah mich entgeistert bis beleidigt an. Wenn Sie eine dumpfe Fichte aus einer Baumschule wollen, sagte er angeekelt, dann müssen Sie eben in eine Baumschule fahren und sich da Ihren Tannenbaum holen. Ich verkauf doch keinen Ramsch! Hier herrscht Fachhandel! Hier ist schließlich Weihnachtsmarkt! Sprach es, machte auf dem Absatz kehrt und wandte sich einem älteren Ehepaar zu, das eine Schwarzwälder Edeltanne in Augenschein nahm.

Der Typ ist ja echt behindert, urteilte Miriam, und ich pflichtete ihr bei: Aber voll!

Wir bummelten noch eine Weile über den Weihnachtsmarkt, der zur Hälfte aus Getränke- und Fressbuden bestand, von der Thüringer Bratwurst über die Original Französischen Crêpes bis zum Edelimbiss mit Austern und Champagner, zu schweigen von den Ständen mit gebrannten Mandeln, Süßwaren und Weihnachtsgebäck. Die andere Hälfte war von Kitsch- und Kunsthandwerk belegt, Modeschmuck und Miederwaren, handgedrehte Kerzen, Krawatten und Kuckucksuhren, Räucherkerzen und Rauschgoldengel, Blechspielzeug und Bleiverglastes.

Im Tiroler Bauernstüble, einem Verkaufswagen mit vorgebautem Zeltdach und alpenländischen Dekorationen, machten wir wohlverdiente Rast. Die Mädchen genehmigten sich Pommes frites, „rotweiß", dazu Cola, während ich „eine Brat" plus ein Pils zu mir nahm.

Wo habt ihr denn früher den Tannenbaum geholt? erkundigte sich Laura. Oder hat den etwa auch das Christkind gebracht?

Nee, sagte ich, den haben wir selbst geholt. Den konnte das Christkind angeblich nicht schleppen.

Logisch, sagte Miriam, ist ja auch noch ein Säugling, wenn man's genau nimmt.

Weihnachtsmarkt gab es damals noch gar nicht, sagte ich und nahm einen Schluck Bier. Mein Vater ist mit uns zum Pferdemarkt gegangen, wo sonst der Wochenmarkt stattfindet. Da gab es Tannenbäume zu kaufen. Angeboten wurden die fast alle von Bauern aus der Umgebung, die nebenbei Fichten zogen, um Weihnachten ein Zubrot zu haben. Wenn man bis Heiligabend wartete, gab es die Restexemplare angeblich für eine Mark. Aber darauf hat mein Vater es natürlich nie ankommen lassen. Zu riskant! Ein großer Baum kostete fünf Mark, und das fanden wir schon wahnsinnig teuer. Aber Weihnachten saß das Geld eben etwas lockerer. Und für einen schönen Baum sowieso. Dann haben wir also unseren Baum nach Hause getragen, und er wurde auf dem Balkon abgestellt. Und zwei Tage vor Heiligabend war er von dort verschwunden. Das Christkind hatte ihn ins Wohnzimmer geholt, das ab sofort abgeschlossen war. An der Klinke hing ein Tannenzweig mit goldener Schleife. Und durch's Schlüsselloch konnte man ein paar Zweige des Baums sehen.

Und das habt ihr geglaubt? amüsierte sich Miriam. Dass dieser Baby-Jesus keinen Baum tragen kann? Ist ja schrill.

Natürlich. Wieso nicht? Ihr habt doch bis vor kurzem auch geglaubt, dass Santa Claus durch den Schornstein kriecht.

Wenn das Christkind den stacheligen Baum auf diesen kranken Ständer kriegt, dass er hinterher steht und nicht wackelt, dann kann er ihn auch tragen. Unser Weihnachtsbaum wackelt jedes Jahr. Und jedes Jahr hast du ihn eingestielt.

In der Baumschule Brunken am Stadtrand bekamen wir nach hartem Handel eine schöne Fichte aus eigener Produktion für 50 statt (der ursprünglich geforderten) 60 Mark, dazu ein Glas Glühwein, die Mädchen „Kinderpunsch", den sie trotz der beleidigenden Bezeichnung brav wegschlürften. Wir banden den Baum auf dem Dachgepäckträger fest, kutschierten ihn nach Hause und stellten ihn nach alter Väter Sitte vorerst auf dem Balkon ab.

*

Der formschöne Christbaumständer des Modells Schneekönig, mittelschwere Ausführung, sei eine millionenfach bewährte, TÜV-geprüfte Unentbehrlichkeit weihnachtlichen Wohlbehagens, kinderleicht in der Anwendung, lieferbar in den vier Farbnuancen Tannengrün, Weihnachtsrot, Engelsgelb und Himmelblau. Man drehe die vier Befestigungsschrauben (A) bis zum Anschlag (B) der Kontermuttern (C) zurück, führe das Stammende (D) durch den Haltering (E), justiere ihn mit der beigefügten Führungsschiene (F) auf mittigen Sitz, drehe die vier Befestigungsschrauben (A) mit dem beigefügten Imbusschlüssel (G) im Uhrzeigersinn, bis die abgeflachten Schraubenspitzen (A a) gegen das Stammende pressen.

Man entferne die Führungsschiene (F) und schiebe alsdann den Keramikumtopf (H) bis zum Parallelanschlag der Höhenkerbe (I) über das nunmehr im Haltering (E) gesicherte Stammende (D), fasse mit dem beigefügten Spreizdorn (K) in die dafür vorgesehene Spreizklemmführung (L) und drehe den Spreizdorn (K) im umgedrehten Uhrzeigersinn bis zum Anschlag. Achtung! Nicht überdrehen!

Den Keramiktopf (H) nun mit 5 Litern Wasser auffüllen, wodurch die Standfestigkeit erhöht werde und sich zudem ein Frischhalteeffekt für den Baum ergebe. Den Wasserstand täglich mit dem beigefügten Wasserstandsstäbchen (M) messen und bei Bedarf bis zur Höhenmarkierung (N) nachfüllen.

Soweit die kleingedruckte Theorie, die als Beipackzettel wiederum dem Karton (der Fachmann spricht von Gebinde) beilag, der in einem Bett aus Styroporkugeln den Christbaumständer Schneekönig geborgen hatte. Da wir vor drei Jahren vom doppelgelenkigen Weihnachtsbaumfuß Tannenstolz Abschied nehmen mussten, weil die Mechanik versagt hatte (überdreht?), waren wir auf den Schneekönig umgestiegen. Es versteht sich von selbst, dass mit der Gebrauchsanweisung kein Blumentopf zu gewinnen war, und so hatte ich mir, aus Erfahrung klug geworden, unter souveräner Missachtung der TÜV-Vorschriften ein eigenes System ertüftelt, zu dessen alljährlicher, praktischer Umsetzung aus dem vollen Lieferumfang des Schneekönig-Gebindes lediglich noch der (tannengrüne) Keramikumtopf benötigt wurde.

Den stellte ich nämlich in der vorgesehenen Zimmerecke auf den Fußboden, füllte ihn mit Sand, schob das Stammende hinein und sicherte den Baum dann mittels durchsichtiger Nylonfäden, die ich einerseits am Stamm, andererseits an dafür eigens eingedübelten Wandhaken verknotete. Passte immer, wackelte stets ein bisschen und hatte jede Menge Luft. Auch in diesem Jahr!

Über die Routine, mit der ich den Baum in lotrechte Standfestigkeit brachte, staunten meine drei Damen fast schon. Das Schmücken überließ ich ihnen. Als die Mädchen noch klein waren, gestaltete sich die Wahl des Weihnachtsbaumschmucks eher unproblematisch. Wir hatten einen Karton mit einem kunterbunten Sammelsurium gekaufter, geschenkter, geerbter oder sonstwie an uns gekommener Weihnachtsdekorationen, die sich vermehrten und alle Jahre wieder zum Einsatz kamen, weshalb unser Baum zum Glück nie den innenarchitektonisch strengen Kriterien entsprach, die andere Kulturmenschen an die ästhetische Durchgestaltung ihres Tannenbaums anlegen. Bei uns hing dran, was im Karton lag: kleine Holzfiguren, Weihnachtsmänner & Christkinder in ökumenischer Mischung, Zwerge, Engel, Wintersportler, auch Modellautos, dazu Lametta und Kugeln und Sterne und Kerzen in allen möglichen Dicken, Längen und Farben.

Einmal hatte Miriam sogar darauf bestanden, dass einige Teile ihres Puppengeschirrs aufgehängt werden müssten, und zwischen einem Schokoladenriegel und einer Eichelhäherfeder, die Laura im Sommer gefunden hatte, hing sogar einmal ein giftgrünes Gummikrokodil. Trat man einige Schritte zurück, dann verschwammen all diese Details zu einem munteren Ganzen, zu einem funkelnden Mosaik, dessen Kombination im Helldunkel des Kerzenscheins nicht mehr rekonstruierbar war.

Doch hatten sich die Mädchen von dieser kindlichen Beliebigkeit längst verabschiedet und bestanden in diesem Jahr auf der durch und durch obercoolen Ton-in-Ton-Variante: silberne Kugeln, Lametta, weiße Kerzen. Schluss. Ich konnte noch von Glück sagen, dass sie echte Kerzen durchgehen ließen und noch nicht auf elektrische oder gar digitale Illumination setzten. Aber der nächste Schritt wäre wohl schon ein Tannenbaum aus dem Internet.

Die Kohlfahrt
im Spiegel
deutscher Dichtung

JOHANN WOLFGANG VON GOETHE

Kohlfahrers Nachtlied

Über allen Palmen
Ist Frost
Unter den Walmen
Gerstenmost
Schäumet im Fass
Kohl, Kassler, Pinkel auf Halde
Warte nur, balde
Hebst du dein Glas

FRIEDRICH SCHILLER

An den Grünkohl

Grünkohl, schöner Götterfunken,
Labsal aus Elysium,
Wir betreten angetrunken,
Himmlischer, dein Heiligtum.
Deine Zauber binden wieder,
Was die Mode streng geteilt,
Alle Würste werden Brüder,
wo dein grüner Flügel weilt.
Seid umschlungen, Lüttje Lagen!
Bier und Korn der ganzen Welt!
Brüder – wo das Fleisch sich wellt
Wollen wir bis morgen tagen.

GEORG TRAKL

Ein Winterabend

Wenn der Schnee ans Fenster fällt,
Lang die Abendglocke läutet,
Vielen ist der Tisch bereitet
Und das Haus ist wohlbestellt.

Mancher auf der Wanderschaft
Kommt ans Tor mit kalten Füßen
Doch zum Troste ihn begrüßen
Pinkel, Kohl und Gerstensaft.

Wanderer, nun bist du hier.
Trink ein Körnchen auf die Schnelle
Schon erglänzt in reiner Helle
Auf dem Tische Kohl und Bier.

RAINER MARIA RILKE

Der König

Sein Bauch ist vom Verzehren grünen Kohles
So prall geworden, dass jetzt nichts mehr geht,
Ihn rührt ein peinliches Unwohles
Im Unterleibe, der sich bläht.

Der feste Gang, mit dem er eingetroffen,
Von Bier und Korn zu einem Schwanken ward,
Zwar ist er König, doch er ist besoffen,
fair war der Wettkampf, aber hart.
Nur manchmal schiebt der Vorhang der Pupille
Sich lautlos auf. Dann geht ein Korn noch rein,
Auch noch ein Bier, dann ist er völlig knülle,
und freut sich Kohlkönig zu sein.

HEINRICH HEINE

Ich weiß nicht, was soll es bedeuten

Ich weiß nicht, was soll es bedeuten
Dass ich so hungrig bin;
Rezepte aus alten Zeiten,
Die kommen mir in den Sinn.

Der Kohl ist heiß und es duftet,
Und ruhig fließt das Bier,
Der Koch in der Küche schuftet
Zerlegt das Schweinetier.

Wir werden alles verschlingen
Mit Gaumen, Zunge und Zahn
Und das hat mit seinem Singen
Der grüne Kohl getan.

GOTTFRIED BENN

Grünkohl

Grünkohl – eiskalte Tage,
alte Beschwörung, Bann,
die Götter halten die Waage
eine zögernde Stunde an.

Noch einmal die leckeren Würste,
den Pinkel, das Kassler, den Kohl,
nie wieder das alte „Ich dürste",
dafür ein beherztes „Zum Wohl".

Noch einmal das Ersehnte,
den Rausch, des Kohles Du,
der Winter stand und lehnte
und sah beim Essen zu.

Noch einmal ein Vermuten,
wo längst Gewissheit wacht:
Wir blasen und wir tuten
Und trinken Fahrt und Nacht.

FRIEDRICH HÖLDERLIN

Hälfte des Essens

Mit fettem Bauchspeck hänget
Und voll mit Kassler Rippspeer
Das Fleisch in den Kohl,
Ihr holden Würste,
Und trunken von Fassbier
Tunkt ihr das Haupt in heilignüchternen Mostrich.

Weh mir, wo nehm ich, wenn
Es Sommer ist, den Kohl her, und wo
Die Pinkelwurst
Und Jever und Korn?
Die Schüsseln stehn
Sprachlos und kalt, im Abwasch
Klirren die Gläser.

JOSEPH VON EICHENDORFF

Aufgeschobener Abschied

O Schweinespeck, o Schwarte,
O fetter, grüner Kohl,
O Pinkelwurst, du Zarte,
Gehabt euch alle wohl!
Die Gläser leer, ich scheide
Von Doppelkorn und Bier,
Doch liebe ich euch beide
Und bleib noch etwas hier.

„So'n Keerl, de't nich lassen kann"

Hein Bredendiek und sein Lebensbericht
summa summarum

D er Steg aus groben Pfählen und Bohlen ist halb eingestürzt, halb vermodert, und die unteren Teile seiner primitiven Architektur lassen sich schon nicht mehr von den wild wuchernden Gräsern und Binsen der sumpfigen Bachufer unterscheiden, in die der Steg unmerklich langsam versinkt. Das graublaue, brackige Wasser des Bachs verschwimmt in jener Schwebe, in der sich nicht mehr unterscheiden lässt, ob es noch ein Fließen oder bereits der Stillstand ist, und selbst der tiefe Himmel Norddeutschlands scheint sich nicht entscheiden zu können, ob er Regen ausschütten oder sich aufheitern soll.

Schlicht graugrün gerahmt, hängt dies Aquarell Hein Bredendieks in meiner Wohnung. Das Blatt von 1994 gehört zu seinem Spätwerk, das von Architekturbildern und vor allem Landschaften geprägt ist, in denen, wie es jetzt in seinem Lebensbericht heißt, „das Morbide und Verfallende auch in einer Art der Anklage dargestellt wurde". Die handfeste Kontur löst sich, das Balkenwerk der alten Brücke wird sukzessive wieder zum Humus, aus dem Bäume sprießen werden, die Baumaterial für Brücken abgeben. Das sieht nicht nach Anklage aus, klingt eher nach altersweiser Übereinstimmung mit dem unvermeidlichen Lauf der Dinge.

Wenn man das Motiv aber als Aussage des Künstlers in eigener Sache interpretieren will, mag diese irgendwo in flacher Weite vergessene Brücke als Ausdruck von Resignation, zumindest aber von Trauer gelesen werden. Denn Hein Bredendiek war, im übertragenen Sinn, Zeit seines Lebens ein Brückenbauer und Vermittler. Als Literat und bildender Künstler hat er Brücken zwischen Wort und Bild geschlagen; er hat darüber hinaus mit seinen plattdeutschen Bildbetrachtungen ein Genre geschaffen, in dem die Vorstellungen einer am humanistischen Bildungsideal orientierten Kunstgeschichte eine überaus originelle und volkstümliche Symbiose mit einer Sprache und Anschauungsweise eingehen, die so aus dem Schnabel kommen, wie er in Bredendieks norddeutscher Heimat gewachsen ist; und schließlich hat er als Kunstpädagoge seinen Schülern Brücken gebaut, die aus der sachlichen Prosa des Lernens in poetische Bereiche jenes Erwachsenenspiels führten, das man Kunst nennt. Vielleicht gründet die Melancholie „meines" Brückenbilds darin, dass Brückenbauer wie er immer seltener werden. Vielleicht lese ich all das auch nur in das Bild hinein, weil *ich* weiß, dass er einer der letzten war, die aus diesem Holz geschnitzt sind.

*

Geboren ist Hein Bredendiek 1906 in Jever. Die kleine, idyllische Residenzstadt wird ihm im Lauf seines Lebens zum Inbegriff von Heimat werden, aber auch zu einer Art vertrautem Basislager und Refugium, in das der Vielgereiste immer wieder, aber nicht immer aus Neigung, zurückkehrt. Als Gymnasiast macht Bredendiek 1919 die Bekanntschaft des Dichters und Malers Georg von der Vring, der am Mariengymnasium sein Zeichenlehrer wird. Aus dem Lehrer wird bald der Mentor, in dessen Existenz Bredendieks eigene Entwicklung vorgezeichnet liegt.

Von 1926 bis 1930 studiert er Kunstpädagogik an der Hochschule für Bildende Künste in Berlin – seinerzeit nicht nur das politische, sondern unbestritten auch das kulturelle Zentrum Deutschlands. Bredendiek begeistert sich für die Impressionisten, treibt unter dem Eindruck Alfred Kubins und Max Slevogts Studien zur Buchillustration, erlebt in kurzen Begegnungen Max Liebermann, Ernst Barlach und Käthe Kollwitz, besucht die großen Ausstellungen Matisses, Cézannes und van Goghs, hört Wilhelm Furtwängler als Dirigenten, sieht die Inszenierung der Erstaufführung von Brecht/Weills „Dreigroschenoper" im Theater am Schiffbauerdamm.

1930 legt er das Examen fürs künstlerische Lehramt an Höheren Schulen ab und ist bis 1932 als Referendar in Altona und Plön tätig, wo er den Komponisten Paul Hindemith kennenlernt. In seine anschließende Assesorenzeit in Bad Sachsa und Flensburg (1933-1935) fällt die „Machtergreifung" der NSDAP.

Dem faschistischen Regime steht er offenbar eher skeptisch gegenüber; nennenswerte Widerstände bringt er allerdings nicht auf, sondern fügt sich, wie die überwiegende Mehrheit der Deutschen, ins als unvermeidbar empfundene Unheil, passt sich stillschweigend an und sucht einen Weg „abseits von parteipolitisch enger Ideologie". Zum SA-Dienst wird er von seinem Direktor zwangsverpflichtet, der NSDAP tritt er im Mai 33 bei – mit der (allerdings etwas merkwürdigen) Begründung, seine „Existenz finanziell zu sichern und die Darlehensschulden abzutragen". Als er sich 1935 auf eine Dozentur nach Cottbus bewirbt, muss er beim zuständigen Referenten Dr. Heinrich Schwarz vorsprechen, „der mich auf seine Art durchleuchtete und nach einem jüngst erschienenen Buch über neuzeitliche Kunsterziehung fragte." Was hier mit „seine Art" gemeint und was unter „neuzeitlicher Kunsterziehung" zu verstehen war – Hein Bredendiek wusste es damals wohl sehr genau, und wir wissen es heute auch. Es stimmt gleichwohl nachdenklich, wenn die ästhetisch verheerende, ideologisch barbarische

Kunstpolitik des Nationalsozialismus, die Bredendiek gewiss nicht begrüßte, sondern eher kopfschüttelnd zu ignorieren versuchte, unter der er aber doch auch gelitten haben muss, mit kaum einer Silbe problematisiert wird. Es geht hier nicht um Schuld oder Unschuld, Anpassung oder Widerstand. Es geht darum, dass gerade ein geistig immer noch hellwacher und integrer Zeitzeuge wie Bredendiek, der allein schon kraft seines biblischen Alters in Regionen ragt, die jenseits von Gut und Böse angesiedelt sind, dazu aufgerufen wäre, uns Heutigen rückhaltlos Rechenschaft über das Innenleben jenes Wahnsystems zu geben, das zu begreifen immer noch schwierig, das nachzuvollziehen immer noch unmöglich ist.

In diesen zwielichtigen Zusammenhängen verweist Bredendiek mehrfach auf seine durchaus beeindruckende Novelle *Gang na güstern*, mit der er 1981 einen Versuch vorlegte, im literarischen Rollenspiel „Vergangenheitsbewältigung" zu betreiben. Der Lebensbericht gibt sich in dieser Hinsicht aber durchaus maulfaul. Nun bleibt allerdings die lakonische Zugeknöpftheit in eigener Sache, die zwischen dezenter Verschwiegenheit und unprätentiöser Bescheidenheit osziliert, nicht nur jener dunklen Epoche vorbehalten, sondern bildet über weite Strecken ein Charakteristikum des gesamten Berichts. Die imposante Leinwand dieses inzwischen 92 Jahre währenden Lebens wird nur gelegentlich in Details und Nuancen ausgemalt; öfter neigt Bredendiek zur groben Skizze in einer unterkühlten, fast ausgeglüht-kargen Sachlichkeit, und manche Flecken bleiben dabei auch weiß.

„… es ist ein wunderlich Ding, so eine summa summarum seines Lebens zu ziehen. Wie wenig Spur bleibt doch von einer Existenz zurück!" Dies Goethewort ist dem Text als Motto vorangestellt, aber es steht in einem merkwürdigen Kontrast zu den ersten, schönen Zeilen des Buchs: „Wenn der Lebensbogen sich senkt und der Kreis sich schließen will, wächst die Kraft der Erinnerung und der Rückschau auf ein gelebtes Leben …" Denn wenn die Kraft zu Erinnerung und Rückschau tatsächlich wächst, kann es sich bei jenen flüchtigen Skizzen und weißen Flecken kaum um „Erinnerungslücken" handeln, sondern um bewusst gesetzte Leerstellen.

Von großer Vitalität und literarischer Dichte ist Bredendieks Bericht stets dann, wenn er anekdotische Vorkommnisse zu kleinen, wie im Zeitraffer ablaufenden Bildbündeln schnürt. Das gelingt ihm besonders bei der Schilderung seiner Kindheit, in die auch das Erlebnis des 1. Weltkriegs als fernes, unverstandenes Schauspiel dringt; es gelingt, wenn er von den Jahren des Behelfs und Ersatzes nach dem 2. Weltkrieg erzählt, und manchmal kommt es zu wahrhaft poetischen Momentaufnahmen wie dieser, als Bredendiek Anfang 1947 vom Tod seines Vaters Nachricht erhält: „Ich packte Kartoffeln in den Rucksack und etwas Brot und reiste zur Feierabendzeit nach Jever. Ein dunkler Zug mit zerschlagenen Fensterscheiben fuhr in die kalte Winternacht hinaus. Sitzplätze gab es nur für Werktätige. So stand ich in dem dunklen Schweigen und kam nach Jever …" Und es gelingt vorzüglich im Schlusskapitel, einer Art Selbstporträt des Künstlers im „Gehäuse", eine Beschreibung des Ateliers und der Bredendiek umgebenden Dinge nämlich: Hier wird die geistige Physiognomie „van so'n Keerl, de't nich laten kann" vexatorisch aus der Dingwelt geformt, in der er arbeitet.

Lebendig sind auch Schilderungen der Begegnungen, die er mit Karl Jaspers oder dem Expressionisten Erich Heckel hatte. Allerdings fällt auf, dass weder bei solchen noch anderen Gelegenheiten ein kunsttheoretisches und kaum einmal ein kunsthistorisches Problematisieren erfolgt. Mag sein, dass Bredendiek aufs Bildungsniveau seines Publikums vertraut; mag sein, dass ihm alles Theoretisieren unwichtig erscheint gegenüber der reinen Oberflächenpräsenz der Dinge und Menschen; mag sein, dass das ihm Problematische in literarischer und bildnerischer Gebrochenheit in sein Werk eingegangen ist. Gleichwohl führt diese Methode gelegentlich zu Banalitäten statt zu Auseinandersetzungen mit Werten und Werken. Über den großen Max Liebermann heißt es beispielsweise schlicht: „'Der hat die schönste Wohnung von Berlin, neben dem Langhansschen herrlichen Torbau am Rande des Tiergarten', sagte ich mir ..." Kein Wort über Liebermanns Werk, keins über ästhetische Fragen, die den jungen Kunststudenten Bredendiek in der anregenden Berliner Atmosphäre mit Sicherheit bewegt haben. Symptomatisch für viele, offenbar beabsichtigte Flüchtigkeiten, steht auch seine Darstellung der Aktivitäten der Fichte-Hochschulgemeinde, der er angehörte: „Sie traf sich in einem Atelier Unter den Linden, wo Gespräche geführt ... wurden." Ja, was denn für Gespräche? fragt sich der Leser. Worum ging es eigentlich?

Nach Dozenturen in Cottbus und Frankfurt/Oder meldet Bredendiek sich 1940 zur Kriegsmarine und verbringt die Kriegszeit in Brügge, auf dem Marinestützpunkt La Rochelle und schließlich in Breslau. Von 1945 bis 1949 ist er als Dozent an der Pädagogischen Hochschule in Oldenburg in der Lehrerausbildung tätig. Anschließend geht er als Kunstpädagoge ans Mariengymnasium in Jever zurück. In die frühen fünfziger Jahre fallen auch seine ersten, schriftstellerischen Arbeiten in plattdeutscher Sprache, die sich, gedruckt oder als Arbeiten für den Hörfunk, dann sukzessive zu einem beachtlichen Werk ausgewachsen haben. Von 1954 bis zu seiner Pensionierung 1972, inzwischen Studiendirektor, unterrichtet er Kunst an Oldenburger Gymnasien: zuerst an der Hindenburg-Schule (heute: Herbart-Gymnasium), später am Alten Gymnasium.

*

Dort habe ich ihn kennengelernt. Und das war so: Über das leicht düstere Treppenhaus ging es aufwärts bis zur Mansarde, wo sich hinter einer unscheinbaren Tür der (natürlich von *ihm* so getaufte) „Olymp" auftat, der Zeichensaal des Alten Gymnasiums: Ein langgestreckter Raum, dessen Wände den Dachschrägen angepasst waren; hier standen keine engen Pulte wie in den Klassenzimmern, sondern Tische, von Farbresten und -klecksen gesprenkelt, und über diese verheißungsvollen Muster des Zufalls floss das Licht von beiden Seiten durch Gaubenfenster, deren Sprossen symmetrische Schattenrisse auf die dunklen, von Generationen abgetretenen Fußbodendielen legten. Unter den Fenstern große Waschbecken aus Steingut; Regale, darauf reihenweise diverse Pinsel in Gläsern; die Wandflächen bedeckt mit bunten Tuschbildern, Feder- und Bleistiftzeichnungen.

Und während wir Sextaner noch lärmend staunten, dass hoch über der strengen Sachlichkeit der Schule, die uns nun (mindestens) neun Jahre lang umschließen würde, sich ein solch fast romantisches Ambiente bot, öffnete sich am hinteren Ende des Saals eine Tür – und der unumschränkte Herrscher des Olymps erschien: Groß, schlank, schwarzer Anzug, aber keine Krawatte über dem weißen Hemd, die grau gesträhnten, dichten, vollen, kaum zu bändigenden Haare kurz geschnitten und streng zurückgebürstet, als ob hier im Schulalltag eine kreative Energie zur Fasson gebracht werden müsse, die jederzeit ausbrechen konnte.

Die imposante Erscheinung stemmte die Arme in die Hüften und brüllte mit nahezu militärischer Entschlossenheit: „Was is'n das für 'ne wüste Wuhling hier?!"

Dass dieser bemerkenswert durchdringende Ton ein Produkt seiner Referendariatszeit in Plön war, habe ich jetzt seinem Lebensbericht entnommen. Wer, heißt es da, in diesem Internat „ohne rechte Kommandostimme war, galt als verloren und konnte das Feld räumen."

Wir jedenfalls schraken zusammen. Noch so ein derber Pauker? Aber nein. Jetzt lachte er und hieß uns mit jener dröhnenden Jovialität willkommen, die wir bald sehr zu schätzen – und manchmal zu fürchten lernten, weil man nie ganz sicher sein konnte, wo genau die Linie verlief, die das Großzügigste *laissez faire* dieses Mannes trennte vom unvermittelten Wutausbruch über das Barbarentum undisziplinierter, rotznäsiger Schülerhaufen, die noch den kleinsten Funken Inspiration zunichte machen konnten.

So also habe ich als Sextaner 1962 Hein Bredendiek kennengelernt, und dieser erste Eindruck wird mir stets der eindringlichste bleiben, auch wenn in den kommenden Jahren bis zum Abitur viele weitere folgten, die dem Bild vom Künstler, der unter die Pädagogen gefallen war, immer neue Nuancen und Details anfügten. Er war und ist zweifellos in erster Linie Künstler und Schriftsteller; er war ein Original, wenn er mit dem breitkrempigen Hut durch die Schulflure daherkam, die unvermeidliche Zigarre paffte (Rauchen war im Schulgebäude verboten, aber für Hein Bredendiek galten andere Gesetze) und eine Spur herrlichen Tabakaromas hinter sich herzog; und er war ein ganz hervorragender Kunstpädagoge: Denn er konnte seine Schüler für die Kunst begeistern, weil er selbst begeistert war; Liebe zur künstlerischen Sache konnte er glaubhaft vermitteln, weil er die Sache selber liebte und betrieb; er nahm unsere kindlichen Malversuche ernst, sprach mit uns darüber, als spräche er mit arrivierten Kollegen; und er hatte und hat, wie jeder weiß, der ihn kennt, Humor und die seltene Fähigkeit zur Selbstironie.

Unter den Lehrern, die dazu beigetragen haben, dass ich *kein* Lehrer wurde (was eigentlich meine Absicht war), sondern Schriftsteller, hat er den größten Einfluss auf mich ausgeübt. Er hat mir und vielen anderen Fenster aufgestoßen, die sonst vielleicht für immer verschlossen geblieben wären.

*

In Anlehnung an das Wort seines großen Vorbilds und Mentors von der Vring bezeichnet Bredendiek die Zweifachbegabung, die janusköpfige Doppelexistenz als Maler und Literat,

als „Doppelflinte", doch war in seinem (wie übrigens auch von der Vrings) Fall die Flinte drei-
läufig, weil die Kunstpädagogik hinzu kam – nolens volens vielleicht und wohl gelegentlich
als nicht sonderlich geliebter Brotberuf, und dennoch mit Nachdruck, Passion und Wirkung
ausgeübt. In welcher dieser drei Begabungen und Tätigkeiten Bredendieks größte Leistungen zu suchen sind, vermag ich nicht zu entscheiden. Stark gewirkt hat er – und wirkt noch
und wirkt nach – jedenfalls auf allen drei Feldern.

    Und so ist es am Ende wohl ein Goethewort, das auch im Hinblick auf eine kritische
Auseinandersetzung mit Hein Bredendieks Lebensbericht *summa summarum* der Weisheit
letzten Schluss macht: „Alles, was eine große Wirkung getan hat, kann eigentlich gar nicht
mehr beurteilt werden."

Ein akademisches Alphabet

Vorgetragen zur Begrüßung der Studienanfänger an der Carl von Ossietzky Universität Oldenburg zum Wintersemester 2000

A wie akademisch

Wenn ich, wie hier und jetzt, in akademischen oder universitären Zusammenhängen auftrete, pflege ich gern damit zu koketieren, dass ich eigentlich gar nicht dazu gehöre; dass ich als freier Schriftsteller, der zwar studiert und promoviert hat, der sogar von in- und ausländischen Universitäten gelegentlich zu Gastprofessuren eingeladen wird, dennoch ein Außenseiter des akademischen Betriebs bin. Und möglicherweise hat man mich genau deswegen gebeten, heute zu Ihnen zu sprechen, in der Hoffnung nämlich, dass die ersten Worte, die Sie im Dunstkreis des Akademischen zu hören bekommen, nicht gleich allzu akademisch klingen. Es ist ja durchaus bemerkenswert, dass das Wort „akademisch" im umgangssprachlichen Gebrauch eigentlich nur pejorativ konnotierbar ist. Etwas oder jemand erscheint uns gelegentlich „allzu akademisch", und wir meinen damit etwas Formelhaftes, Steifes, auch Künstliches, den Widersprüchlichkeiten des Alltagslebens irgendwie Unangemessenes. Aber dass uns etwas oder jemand „nicht akademisch genug" erscheint, kommt wohl eher selten vor, und wenn, dann eben nur im akademischen Bereich selbst, wo, das werden Sie bald erfahren, gewisse Spielregeln gelten, die das Denken, Verhalten und Formulieren reglementieren. Manche von Ihnen werden diese akademischen Spielregeln zweifellos als Einschränkungen, ja Knebelungen ihrer Denk- und Ausdrucksmöglichkeiten empfinden. Das heißt aber noch lange nicht, dass solches Unbehagen an den akademischen Konventionen zwangsläufig zum Abbruch eines Studiums führen muss. Im Gegenteil sind viele bedeutende wissenschaftliche Leistungen eben dadurch zustande gekommen, dass sich Wissenschaftler über die akademischen Normen hinwegsetzten und dem vertrauten, was sich wissenschaftlich nicht fassen lässt und vielleicht mit den Begriffen Intuition oder Inspiration zu umschreiben wäre – wäre das nicht, nun ja: allzu unakademisch.

B wie Bibliothek

– und damit natürlich auch gleich: B wie Buch. In unserer schönen, neuen Internet-Welt telematischer Allgegenwart dürften für manche unter Ihnen Bibliotheken, in denen noch echte Bücher aus Papier stehen, schon einen leicht musealen Charakter haben. Dennoch werden Sie bald die Erfahrung machen, dass auch heute noch ein Studium ganz ohne Bücher und Zeitschriften nicht zu bewältigen ist. Und selbst, wenn der Katalog dieser Universitätsbibliothek vorbildlich und vollständig digitalisiert ist und von Ihnen am heimischen PC abgerufen werden kann, werden Sie doch gelegentlich nicht umhin können, das Reich der Bücher persönlich zu betreten. Nur Mut! Es erwartet Sie nämlich kein Labyrinth aus altersschiefen Regalen mit verstaubten Folianten, sondern eine ausgesprochen übersichtliche, großzügige Konstruktion mit angenehmer Atmosphäre. Es gibt sogar eine Raucherebene, womit auch den Lasterhaften unter Ihnen eine probate Ausrede genommen sein dürfte. Eine andere, weitverbreitete Ausrede, die selten ausgesprochen wird, häufig aber mentale Hemmschwellen installiert, lautet: Ich weiß gar nicht, wie man sich auf der Suche nach Material, von dem man oft noch gar nicht recht weiß, was für Material es zu sein hat, einen Bibliothekskatalog erschließt. Abhilfe schaffen da die Führungen, die zu Semesterbeginn von kompetenten Bibliothekarinnen und Bibliothekaren angeboten werden. Wenn es Ihnen peinlich sein sollte, zur nicht kleinen Gruppe der Bibliotheksignoranten zu gehören, können Sie diese Führungen ja unter falschem Namen oder mit Identitäts-tarnender Sonnenbrille absolvieren. Sie werden dann feststellen, dass der Buchbestand mit fast anderthalb Millionen Bänden für den Bedarf Ihrer ersten zwei, drei Semester durchaus ausreichen dürfte. Übrigens gibt es auch eine Videothek, deren Bestand so ungewöhnlich gut ist, dass inzwischen sogar Fernsehanstalten hier nachfragen, wenn es in deren eigenen Archiven mal wieder wie bei Hempels unterm Sofa aussieht. Wenn Sie sich dann Videos ausleihen und ansehen, vergessen Sie aber bitte nicht, die Sonnenbrille vorher wieder abzusetzen.

C wie Carl von Ossietzky

Die Universität Oldenburg trägt bekanntlich den Namen des Friedensnobelpreisträgers Carl von Ossietzy, der in der Weimarer Republik die linksliberale Zeitschrift „Die Weltbühne" herausgab. Die Nationalsozialisten inhaftierten den mutigen Publizisten und Pazifisten in den KZs Sonnenburg und Esterwegen, nicht weit von hier entfernt im Emsland. Auf Druck der Weltöffentlichkeit kam Ossietzky zwar wieder aus dem KZ frei, starb jedoch kurz darauf an den Folgen der unmenschlichen Behandlung. Das, nehme ich an, dürfte Ihnen bekannt sein. Weniger bekannt bzw. inzwischen schon fast wieder vergessen ist jedoch, dass die Durchsetzung des Namens Carl von Ossietzky für die Universität in den siebziger Jahren einem Kulturkampf gleichkam, dem leider alles Provinzpossenhafte abging. In der Landesregierung, damals von der CDU gestellt, in konservativen Kreisen der Stadt Oldenburg und in der hiesigen, nicht eben meinungsvielfältigen Presse gab es erbitterten Widerstand – ein Widerstand, der sich unideologisch gab, in Wahrheit aber von einer fatalen Verdrängungsmentalität geprägt war. Man darf sich in diesem Zusammenhang vielleicht auch daran erinnern, dass das ehemalige Land Oldenburg das erste im deutschen Reich war, das sich bereits 1932, in einer Art vorauseilender Unterwerfungsgeilheit, eine nationalsozialistische Regierung wählte. Auch unter diesem Aspekt war die Entscheidung für den Namen Carl von Ossietzkys klug und würdig. Auch wenn erstmals zu diesem Semester die etwas gesinnungskitschige Friedenstaube aus dem nun sachlicheren Signet der Universität entflogen ist, wird doch immer noch am Erbe Ossietzkys gearbeitet. Gesamtausgaben der Werke Ossietzkys wie Kurt Tucholskys werden in der Literaturwissenschaft ediert, und auch der Nachlass Hannah Arendts wird hier betreut.

D wie Doktor

Einige unter Ihnen werden vermutlich ihr Studium mit einer Promotion abschließen und können sich dann als Doktor mit dem Adelstitel der bürgerlichen Gesellschaft schmücken – ein Titel, der im außerakademischen Alltagsleben noch eine erstaunliche Reputation genießt. Obwohl Ärzte und Zahnärzte häufig gar nicht promoviert sind, wird man Sie als Frau oder Herr Doktor dennoch zuerst immer für einen Mediziner halten und sich dann anschließend wundern, wenn Sie sich als Politologe oder Geowissenschaftler outen. Der tiefsitzende Respekt vor dem Titel bleibt dennoch erhalten, und so manche Behörden oder meinetwegen auch Immobilienmakler, vom Kellner zu schweigen, der Ihnen gerade erklären wollte, dass im Restaurant heute schon alle Tische besetzt seien, schlagen plötzlich mildere Töne an. Derlei Doktorspiele, die ja eigentlich völlig obsolet sein müssten, deuten übrigens darauf hin, dass die Haltung der Gesellschaft in dieser Sache ziemlich unklar ist. Es sind nämlich nicht selten die gleichen Figuren, denen „das Akademische", Sie erinnern sich noch an unser erstes Stichwort, aus mehr oder minder guten Gründen zutiefst suspekt ist, die aber vor einem Doktortitel immer noch geistig den Hut ziehen. Sie kennen ja gewiss die zumeist sehr hohle Rede von der „geistigen Autorität"; hierzulande liegt die Betonung immer noch auf „Autorität", während das ominöse „Geistige" sich zunehmend verflüchtigt. In Italien behilft man sich übrigens mit einer charmant-nivellistischen Strategie, indem dort jeder Brillenträger oder Zeitungsleser automatisch zum *dottore* befördert wird.

E wie Examen

Bei dieser Prozedur, mit der ein Studium oder auch bestimmte Studienabschnitte abgeschlossen werden, handelt es sich, Sie wissen es alle, um eine Prüfung. Was Sie aber vermutlich genau so wenig wussten wie ich, der das für dies kleine ABC des Akademischen einfach aus seinem etymologischen Wörterbuch abgeschrieben hat: in der lateinischen Verbform „examinare", „prüfen" also, schwingt die Nebenbedeutung mit, „eine Waage in Schwingung versetzen". Im Zusammenhang mit „prüfen" gelten als Grundbedeutungen dann etwa auch das „Herausschwingen der Waage aus der Ruhelage" oder der „Ausschlag des sprichwörtlichen Züngleins an der Waage", woraus sich dann übertragene Bedeutungen wie „abwägen", „untersuchen" und eben auch „prüfen" entwickelt haben. Bemerkenswert erscheint mir besonders „das Herausschwingen der Waage aus der Ruhelage", insofern sich bei manchen Examen nämlich zeigt, dass die Kandidaten große Teile ihres Studiums in der Ruhelage verbracht und sich erst in letzter Sekunde herausgeschwungen haben. Davon rate ich ab. Sie ersparen sich dann nämlich den sogenannten Examensstress, den genauer zu behandeln auch ein eigenes Stichwort wert wäre, doch kommen wir jetzt im engeren Zusammenhang mit der Ruhelage übergangslos zu

F wie Ferien

die es, im Unterschied zu den Schulferien, an einer Universität prinzipiell gar nicht gibt. Was umgangssprachlich als Semesterferien bezeichnet wird, ist nichts anderes als die sogenannte vorlesungsfreie Zeit, in der Studenten und Dozenten all das erledigen sollten, was sie während des laufenden Semesters mal wieder nicht geschafft haben – also Hausarbeiten schreiben, sich aufs Examen bzw. aufs nächste Semester vorbereiten, und, was die während des Vorlesungsbetriebs natürlich voll mit Lehre ausgelasteten Professoren betrifft, forschen, forschen, forschen. Soweit die Theorie. Dass es in der Praxis radikal anders aussieht, dass also die vorlesungsfreie Zeit doch eher Ferien gleicht und zum Einschwingen in die Ruhelage genutzt wird, ist ein anderes und vielleicht auch schon wieder allzu akademisches Problem.

G wie Gremienarbeit

Was wir uns unter Gremienarbeit im Einzelnen vorzustellen haben, entzieht sich meiner Kenntnis, da ich, wie bereits erwähnt, an Universitäten lediglich als Gastdozent auftrete, somit mit Gremienarbeit nicht weiter befasst bin und mich dafür offenbar sehr glücklich schätzen darf. Denn von der bestallten Dozenten- und Professorenschaft, die Gremienarbeit zu leisten hat, wird das ominöse Wort üblicherweise mit schmerzverzerrtem Gesicht mehr gestöhnt als gesprochen. Auch wird die geheimnisvolle Gremienarbeit oft und gern dafür verantwortlich gemacht, dass die bahnbrechenden Forschungsergebnisse noch etwas auf sich warten lassen und auch der Nobelpreis wieder mal an einen anderen Kollegen vergeben worden ist, der möglicherweise von Gremienarbeit freigestellt war. Ich als Gremienlaie vermute also, dass Gremienarbeit etwas a.) Zeitaufwendiges b.) Schwieriges und c.) irgendwie Schmutziges sein muss. Wenn Sie Genaueres erfahren wollen, wenden Sie sich an Ihre Professoren. Oder besser noch, wenden Sie sich gleich freiwillig jener Gremienarbeit zu, die der Studentenschaft offen steht. Wahrscheinlich empfängt man Sie dort mit ungläubigem Staunen.

H wie Hochschulrechenzentrum

Unter H wie Hochschul-Etceterapepe hätten wir diverse Stichworte unter die Lupe nehmen können, z.B. Hochschulpolitik oder auch Hochschuldidaktik – eine Angelegenheit freilich, die, außer bei Hochschuldidaktikern selbst, ähnlich wie die Gremienarbeit nicht sonderlich hoch im Kurs zu stehen scheint. Reden wir also lieber über die segensreiche Institution des Hochschulrechenzentrums, kurz und fast schon auf Basic: HRZ. Das HZR betreibt das DV-Netz der Universität mit zentralen Servern und den Anschluss ans Internet. Damit klingt HRZ nicht nur fast wie Herz, es ist tatsächlich in gewisser Hinsicht das informatorische Herz der Universität. Dass ohne reibungslosen, digitalen Datenverkehr heute so gut wie gar nichts mehr funktioniert, weiß jeder. Auch der Universitätsbetrieb würde ohne das HRZ weitgehend zusammenbrechen. Übrigens bietet das HRZ für Studierende aller Fachrichtungen Veranstaltungen an, die vom Umgang mit Textverarbeitung bis zum Programmieren reichen. Wer von Ihnen allerdings eine Hacker-Laufbahn anstrebt, sollte sich vielleicht gleich im Fachbereich Informatik einschreiben.

I wie interdisziplinär

Der Feind und das Gegenteil alles Interdisziplinären ist das Fachidiotentum. Ein Fachidiot ist jemand, der die Welt ausschließlich durch die Brille seiner Spezialdisziplin sieht. Lichtenberg hat diese Form intellektueller Selbstverstümmelung mit jenem Altphilologen auf den Begriff gebracht, der, wenn er das Wort „angenommen" sah, immer Agamemnon las. In vielen Fachbereichen sind interdisziplinäre Verfahren und interdisziplinäres Denken heute zwingend notwendig, und manche neuere Disziplinen sind von vorne herein interdisziplinär angelegt. Denken Sie beispielsweise an die Biochemie. Auch wenn die meisten unter Ihnen bereits sehr genaue Vorstellungen davon haben, was sie studieren wollen und was nicht, kann es nie schaden, auch mal in Vorlesungen herein zu hören, die auf den ersten Blick wenig mit der eigenen Fachrichtung zu tun zu haben scheinen. Wer als Chemiker die Übung „Synthese und Auslegung thermischer Trennprozesse unter Verwendung moderner Methoden der Mischphasenthermodynamik" belegt, wird zwar vielleicht in der „Gymnastischen, rhythmischen und tänzerischen Bewegungsgestaltung" innerhalb der Sportwissenschaft keine relevanten Aha-Erlebnisse gewinnen, aber er wird feststellen, dass es ein Leben jenseits der Mischphasenthermodynamik gibt. Und falls ihn auch noch interessieren sollte, warum das alles so ist, dann könnte er sich in der Philosophie über den „Reduktionismus in der Philosophie des Geistes" aufklären lassen. Das alles ergibt natürlich noch kein interdisziplinäres Studium, sondern eher ein Flanieren über den Markt der Wissenschaften. Solche Spaziergänge durch die intellektuellen Nachbarsgärten geben jedoch allemal Auskunft über die Beschaffenheit der eigenen Gemüsebeete, kosten allerdings auch Zeit. Und die ist, wir wissen es alle, Geld, und ein Studium ist nicht billig, weshalb wir uns jetzt dem Buchstaben

J wie Jobben

zuwenden. Wem sich die Frage stellt, ob er sein Studium als Kellnerin oder Nachtschwester, Taxifahrer oder Bauhelfer verdienen muss, dem werden auf Fragen, die in Klausuren und

Examen gestellt werden, möglicherweise nicht immer die richtigen Antworten im rechten Moment einfallen. Die finanzielle Zwangslage, in der sich viele Studierende befinden, drückt zweifellos auf Tempo und Qualität eines Studiums. Andererseits kann diese Not durchaus auch zur Tugend ausschlagen, insofern Erfahrungen auf Berufsfeldern, die mit dem eigenen Studium nichts zu tun haben, bewährte Waffen im Kampf gegen das Fachidiotentum sind. Und das gilt sogar für diejenigen, für die Geld keine Rolle spielt – sei es, dass sie oder ihre Eltern genug haben, sei es, dass sie entsprechend anspruchslos gestrickt sind. Ich darf hier aus eigener Erfahrung sprechen, insofern ich mir mein Studium teilweise als Bedienung in einer Kneipe, später dann als Texter in einer Werbeagentur finanzierte. Die Erfahrungen, die ich bei diesen Jobs machte, sind mir dann später in meinem Leben als Schriftsteller mindestens genauso zupass gekommen wie mein Studium der Literaturwissenschaft. An der Universität Hamburg, an der ich studierte, gab es eine vom ASTA organisierte, studentische Arbeitsvermittlung, die sogenannte Jobber-Höhle. An der Oldenburger Universität gibt es diese Einrichtung meines Wissens nach nicht; es gibt sie aber am Oldenburger Arbeitsamt, und offensichtlich funktioniert sie gut. Als ich neulich umzog und eine Wohnung renovieren musste, haben mir zwei Studenten, vom Arbeitsamt vermittelt, geholfen. Ein Betriebswirtschaftler und ein Informatiker. Von beiden habe ich viel gelernt.

K wie Konzept bzw. Konstrukt

Die Defintion dieser eng miteinander korrespondierenden Stichworte entnehme ich Karl Markus Michels „Der Grundwortschatz des wissenschaftlichen Gesamtarbeiters seit der szientifischen Wende", ein Glossar, das ich Ihnen ergänzend oder auch kontrastierend zu meinen eigenen Ausführungen dringend anempfehlen möchte. Michel zeigt nämlich, wie im Wissenschaftsjargon die Begrifflichkeiten des sogenannten gesunden Menschenverstands gewisse Umwertungen und Umdeutungen erfahren, die freilich nicht immer unbedingt im Dienst der Klärung dieser Begriffe stehen. Konzept bzw. Konstrukt sind also Begriffe, so Michel, „die den konstruktiven und kreativen, also wahrhaft produktiven Charakter des wissenschaftlichen Arbeitens hervorheben. Für den Anfänger, der noch in den Fängen der Umgangssprache denkt, mag es freilich schwer sein, die beiden Ausdrücke richtig zu verwenden: Konzept bedeutet im Alt- und Alltagsdeutschen soviel wie Entwurf, Plan, Projekt, während Konstruktion schon eine (Vorstufe der) Realisierung meint. In der neuen Wissenschaftssprache verhält es sich umgekehrt: Konzept meint hier eine begriffliche Konstruktion, während Konstrukt eher ein begriffliches Projekt, eine Art Begriffsexperiment bezeichnet. Tatsächlich sind derartige Verkehrungen für die Wissenschaftssprache konstitutiv." Wie aber, werden Sie sich jetzt fragen, wird es mir je gelingen, meinen bislang sehr brauchbaren und konkreten Alltagswortschatz in solch abenteuerlich-kreative Prägungen der Wissenschaftssprache umzumünzen? Zuständig dafür ist unser nächstes Stichwort, nämlich

L wie Lehre

geschrieben nicht mit Doppel-e, sondern mit eh. Die Lehre ist, das klingt jetzt einigermaßen redundant, muss aber ausdrücklich gesagt sein, das, was die Professoren- und Do-
zentenschaft den Studierenden vermittelt oder jedenfalls vermitteln sollte. Dabei geht es
aber nicht nur um das Weiterreichen von Wissen und Information, sondern vor allem auch
um die Methoden, die es Ihnen ermöglichen, selbständig wissenschaftlich zu arbeiten. Die
akademische Lehre lehrt, wenn sie funktioniert, wie man lernt und forscht, und ein guter
Lehrer ist, wer am Ende von seinen Schülern lernt. Und damit sind wir beim Zwillingsbegriff
der Lehre angekommen, der Forschung nämlich. Sie werden die Erfahrung machen, dass
es hervorragende Forscher gibt, sogenannte Koryphäen, die zu den tollsten Ergebnissen
kommen und die Sie dennoch nicht verstehen, weil sie Ihnen diese Ergebnisse nicht vermitteln, nicht lehren können; weil ihnen das fehlt, was man mit einem etwas altmodischen
Begriff „die pädagogische Ader" nennt und weil sie so in den Jargon der Wissenschaftlichkeit verrannt und vernarrt sind, dass sie Ihnen Ihre Frage, was ein Paradigma sei, etwa mit
dem Satz beantworten: Das Paradigma der Wissenschaft ist der Paradigmenwechsel. Und
umgekehrt gibt es akademische Lehrer, die während ihrer wissenschaftlichen Karriere außer ihren Urlaubszielen wenig bis nichts erforschen und von denen Sie dennoch sehr viel
lernen, weil sie das, was andere erforscht haben, kennen, verstehen und vor allem vermitteln können. Und irgendwo soll es auch den idealtypischen Professor geben, der als Forscher wie als Lehrer in beständiger Hochform ist. Suchen Sie ruhig nach dieser akademischen Lichtgestalt, aber suchen Sie nicht zu lange. Sonst stehen Sie plötzlich kurz vorm
Examen und kennen immer noch keinen Professor, der Ihnen Ihr Examen abnimmt.

M wie Mensa

Ob Forschung hungriger macht als Lehre oder umgekehrt ist bis heute eine der offensten
und drängendsten Fragen der Wissenschaft, die durch den nach wie vor gültigen, klassischen Lehrsatz „Voller Bauch studiert nicht gern" noch zusätzliche Brisanz und Komplexi-
tät bekommt. Diese verwickelte, geradezu schon fast intrikate, wenn nicht gar delikate Problematik dürfte manchem Studierenden der Psychologie, Ethnologie, Verhaltensforschung
oder gar Biologie erstklassige Promotionsthemen liefern. Die notwendigen Feldstudien können Sie direkt vor Ort in der Mensa der Universität absolvieren. Die Oldenburger Mensa hat
übrigens einen guten Ruf: ich habe zur Vorbereitung auf meinen heutigen Vortrag studien-
halber dort einige Testmahlzeiten absolviert und kann Ihnen versichern, dass die Essens-
qualität durchweg hält, was der gute Ruf verspricht. Vergessen Sie also getrost, dass sich
beim Wort Mensa als bedingter Reflex üblicherweise gleich das Wort Kantine und die Vorstellung an zerkochten, pampigen Fraß einstellt. Möglicherweise hängt die überdurch-
schnittliche Qualität der Oldenburger Mensa damit zusammen, dass es bereits eine inter-

Leerstuhl

disziplinäre Forschungsgruppe gibt, die dort täglich an der Lösung des eben skizzierten, ungelösten Problems arbeitet. Schließen Sie sich an. Essen Sie mit. Forschung geht durch den Magen. Und nach dem Essen nehmen wir uns dann das Stichwort

N wie Nachweis

vor. Denn der Nachweis, auch als Beleg oder Quellenangabe bekannt, gehört zum Pflichtprogramm wissenschaftlichen Arbeitens. Karl Markus Michel merkt zu diesem Stichwort folgendes an: „Da es eine wissenschaftliche Selbstverständlichkeit ist, Zitate als solche kenntlich zu machen und ihre Herkunft nachzuweisen, darf man unterstellen, dass alle nicht als Zitate erkennbaren Textstellen geistiges Eigentum des jeweiligen Autors sind. Augenfällige inhaltliche Übereinstimmungen mit anderen Texten bezeugen demnach die überindividuelle Gültigkeit der betreffenden Aussage." Ende des Zitats. Anders ausgedrückt: Wer gleich oder ähnlich argumentiert, paraphrasiert und geschickt plagiiert wie schon Hunderte vor ihm, mag zwar ein öder Langeweiler sein, darf sich aber zum Ausgleich der Zielvorgabe aller Wissenschaftlichkeit nahe fühlen, nämlich der „überindividuellen Gültigkeit", wenn nicht gar der viel und meistens vergeblich beschworenen Objektivität, der wir fast den nächsten Buchstaben gewidmet hätten, drängte sich bei O nicht doch

O wie Oldenburg

vor und auf. Denn immerhin schweben Universitäten nicht in luftleeren Räumen, sondern stehen einigermaßen handfest bis architektonisch abscheulich an sehr konkreten Orten und Stellen herum. Hervorgegangen aus einer Pädagogischen Hochschule nahm die Oldenburger Universität am 1. April (kein Scherz!) 1974 den Lehrbetrieb auf. Als ich 1971 hier in Oldenburg mein Abitur ablegte, gab es also noch keine Universität in der Stadt, so dass ich zum Studium nach Hamburg ging. Doch selbst, wenn es damals die Universität schon gegeben hätte, wäre ich aus Oldenburg weg gegangen. Man will im Leben ja nicht immer auf der gleichen Scholle kleben, und Oldenburg war damals noch sehr viel provinzieller und verschnarchter als heute. Nach fast dreißig Lehr- und Wanderjahren wohne ich nun doch wieder in Oldenburg, und es gefällt mir hier ausnehmend gut. Die Stadt ist nach wie vor provinziell, aber doch einigermaßen weltoffen, überschaubar, aber nicht stickig. Die Universität hat das geistige Klima der Stadt nachhaltig belebt, und umgekehrt hat sich die Stadt inzwischen auch an die Universität gewöhnt, nachdem man feststellte, dass von dort, wie anfangs befürchtet, doch keine ernsthaft umstürzlerischen Umtriebe ausgingen. Oldenburg ist nicht New York und die Carl von Ossietzky Universität nicht die Sorbonne, aber hier lässt sich's angenehm leben und studieren. Kneipen gibt es jedenfalls in ausreichender Menge.

P wie Praxis

Erscheint als Begriff im 17. Jahrhundert mit der noch heute gültigen Bedeutung „Berufs-ausübung, Tätigkeit". Seit dem 18. Jahrhundert findet es sich dann im speziellen Gegen-satz zur Theorie, auf die wir noch zu sprechen kommen müssen, als Bezeichnung für die tätige Auseinandersetzung mit der Wirklichkeit und die daraus gewonnenen Erfahrungen. „Das Akademische", von dem ich eingangs sprach, wird üblicherweise der grauen Theorie zugeschlagen, und was man an einer Universität lehrt, lernt und forscht, hat sich in der so-genannten Praxis zu bewähren. Das Problem mancher Professoren besteht darin, dass de-ren Praxis die Theorie ist. Aus der Schulzeit wissen wir, dass wir nicht für die Schule, son-dern fürs Leben lernen, woran wir allerdings häufig gezweifelt haben. Diese Zweifel holen uns auf der Universität zwangsläufig wieder ein. Dass Forschung anwendbar sein muss, dass sie sozial relevant und wirtschaftlich möglichst verwertbar sein sollte, ist eine Forde-rung, der kein Wissenschaftler widersprechen würde. Allerdings bereichert die Zustimmung zu dieser Forderung oft lediglich den akademischen Diskurs um eine neue Argumentati-onsebene, die dessen Komplexitätsgrad steigert und zu neuen Forschungen anregt – und endlos immer so fort. Aber verstehen Sie mich bitte nicht falsch: Ich bin kein Praxisfeti-schist, sondern habe im Gegenteil die Erfahrung gemacht, dass das, was sich gegen schnelle Verwertung und voreilige Relevanz sträubt, oft das Entscheidende und sogar Lebensprakti-sche sein kann. Die Spanne zwischen Verwertbarkeit und Verwurstbarkeit ist nämlich sehr gering – womit wir auch einen leidlich runden Bogen zu

Q wie Qualität

und deren ewigem Widerspruchsgeist Quantität schlagen können. Denn die Qualität eines Studiums, von seiner Relevanz ganz zu schweigen, hängt von diversen Quantitäten ab. Ich meine jetzt nicht die gelegentlich noch zu hörende Meinung, ein Studium werde besser, je mehr Semester man darauf verwende. Wie von der „Spinne in der Yucca-Palme" haben wir ja alle schon mal von jener legendären, fast schon mythologischen Figur der Indologie-Stu-dentin oder des Kunstgeschichts-Doktoranden gehört, die im 37. Semester immer noch am Tropf der preiswerten, studentischen Krankenversicherung hängen und noch im Rentenal-ter im Bus oder an der Theaterkasse ihre Studentenausweise zücken. Als schwieriger und damit auch für Sie als Studierende, wenn Sie so wollen: relevanter erweist sich der klassi-sche Konflikt zwischen Qualität und Quantität an den Bedingungen der Massenuniversität. Kein schönes Wort, zugegeben, aber leider zutreffend, und Sie werden ja bereits während Ihrer ersten Tage hier festgestellt haben, dass Sie nicht ganz allein sind. Steigende Studen-tenzahlen sind an und für sich etwas Erfreuliches; das Problem ist nur, dass die Zahl der Lehrenden keineswegs proportional mit ansteigt und auch die Ausstattung in vielen Fach-bereichen dem Ansturm nicht gewachsen ist. Das ist natürlich nicht die Schuld der Universität und schon gar nicht die des Professors, der seine Seminare wegen der Studentenmenge im Hörsaal abhalten muss. Es ist das Problem der Hochschulpolitik und des angeblich fehlenden Geldes. Ich sage deshalb „angeblich", weil ich der Überzeugung bin, dass Geld genug da ist – nur ist es nicht hier.

R wie Referat

Was ein Referat ist, wissen Sie vermutlich noch aus Ihrer Schulzeit, die Sie vielleicht eben erst beendet haben und die Sie nun doch gleich wieder einholt. Denn diese Berichte, Vorträge, Besprechungen, die man unter dem Schlagwort Referat zusammenfasst, gehören an der Universität – zumindest in den Geisteswissenschaften – nach wie vor zu den beliebtesten Leistungsnachweisen. Das Wort stammt natürlich auch aus dem Lateinischen und bedeutet, wörtlich übersetzt: „es möge berichten", nicht jedoch „es berichtet" oder „es hat berichtet". Wenn man sich den konjunktivischen Appellcharakter des Worts vergegenwärtigt, dürfte verständlicher werden, warum es zu den akademischen Running-Gags schlechthin gehört, dass wieder mal alle da sind, nur der Referent fehlt. Beim Verfassen von Referaten werden Sie übrigens häufig das folgende Stichwort, wenn schon nicht schreiben, so doch denken oder vor sich hinmurmeln, lautet es doch

S wie Scheißtheorie

(im Gegensatz zur bereits abgehandelten und manchmal mindestens ebenso beschissenen Praxis). Ich entnehme das schöne Stichwort wiederum wörtlich Michels Glossar. Zitat: „Campussprachliche Wendung (nicht in wissenschaftlichen Arbeiten zu gebrauchen!), die das berechtigte Ungenügen an der im Grunde noch vorwissenschaftlichen (metaphysischen) Selbstherrlichkeit von

T wie Theorien

begriffslos zum Ausdruck bringt." Ende des Zitats. Schöner kann man es nicht sagen.

U wie Universität

kommt hier nur deshalb als Stichwort zu Ehren, weil kaum noch jemand weiß, was es eigentlich bedeutet – nämlich keineswegs Hochschule zur Erforschung des Universums, sondern Gesamtheit, und zwar Gesamtheit der Lehrenden und Lernenden, „universitas magistrorum et scolarium". Als solche Gesamtheit ist die Universität natürlich ein durchaus virtuelles Phänomen, um nicht gleich Phantom zu sagen, das sich höchstens noch bei Vollversammlungen konkretisiert. Und Vollversammlungen kommen meistens nur dann zustande, wenn Hochschulstreiks beschlossen werden sollen, die dann auch gleich wieder dazu führen, dass es mit der Gesamtheit vorbei ist.

V wie Vorlesung

ist im Gegensatz zum Referat eine Form der akademischen Lehre, die Sie aus Schulzeiten noch nicht kennen dürften und sollte eigentlich auch nur wenig mit Ihren Erinnerungen an die Gute-Nacht-Geschichten zu tun haben, die Ihnen Ihre Eltern früher vielleicht vorgelesen haben. Gleichwohl sind Vorlesungen für ein gelegentliches Nickerchen sehr viel besser geeignet als Seminare, in denen Ihre Mitarbeit und Aufmerksamkeit jederzeit abfragbar ist. Vorlesungen bieten bessere Deckung. Gähnen Sie aber nicht im falschen Moment. Es ist nämlich nicht auszuschließen, dass in Vorlesungen Dinge zur Sprache kommen, die irgendwann in Ihrem akademischen Leben noch eine gewisse Rolle spielen könnten – zum Beispiel im Examen.

W wie Wissenschaft

ist die Entsprechung des lateinischen „scientia" und bedeutet im Idealfall ein „geordnetes, in sich zusammenhängendes Gebiet von Erkenntnissen". Zusammenhang und Ordnung werden Ihnen zu Beginn Ihres Studiums wahrscheinlich weniger auffallen, schon ein flüchtiger Blick ins Vorlesungsverzeichnis ist dazu angetan, eher Zusammenhanglosigkeit und Chaos zu wittern. Das gibt sich aber im Lauf der Semester, und am Ende werden Sie sich wundern, wie dann doch das eine oder andere ins andere oder eine gegriffen und ein Zusammenhang sich hergestellt hat. Ein anderes Problem besteht darin, ob die Wissenschaft tatsächlich Wissen schafft oder lediglich mehr oder minder unnütze Informationen akkumuliert. Die Wissenschaftskritik, die so alt wie die Wissenschaft ist und aus verschiedenen Perspektiven kommt, muss aber nicht zwangsläufig etwas mit Anti-Intellektualismus oder populistischem Common-Sense-Gerede zu tun haben. Wer Wissenschaft im Allgemeinen und seine Fachdisziplin im Besonderen ernst nimmt, kommt jedoch nicht umhin, Sinn und Unsinn, Zusammenhang und Ordnung seines Treibens dauernd zu überprüfen. Ansonsten wird die Sache nämlich allzu akademisch, und wir wären wieder da, wo wir vorhin begonnen haben.

X wie Xanthippe

schließt hier nahtlos an, weil die Frau des Sokrates die erste bekannte Wissenschaftskritikerin war – und offenbar gleich eine recht rabiate. Ich finde aber, dass die Legende der Dame unrecht tut. Vermutlich war sie nämlich nichts anderes als die Inkarnation des gesunden Menschenverstands. Wenn ihr Sokrates mal wieder darüber nachgrübelte, was er auf dem nächsten Symposion an dialektischen Finessen vom Stapel lassen oder ahnungslose Markt-besucher in seine berüchtigten Dialoge verstricken könnte, hat Xanthippe wahrscheinlich nichts anderes gesagt als: Nun lass den Quatsch und komm endlich zum Essen. Vielleicht hat sie sogar gesagt: Sei doch nicht immer so furchtbar akademisch.

Y wie y

als Bezeichnung für eine veränderliche oder unbekannte Größe erscheint häufig mit ihrem Zwillingsbruder x, und zwar nicht nur in der Mathematik, sondern auch umgangssprachlich: „XY hat gesagt" zum Beispiel oder auch „XY ungelöst". X und Y sind somit nichts anderes als die bekanntesten Abstraktionen, und Abstraktionen sind der wesentlichste Teil wissen-schaftlicher Verfahren, wissenschaftlichen Denkens und Sprechens. Abstraktionen sind Überwindungen der Erfahrungsfülle durch Zeichen wie X und Y beziehungsweise durch Be-griffe. Eine Abstraktion verhält sich zur Erfahrung wie das Wort Baum zum tatsächlichen Baum, ist also die verallgemeinernde Verunsinnlichung des sinnlich Erfahrbaren. Und mit der-lei erkenntnistheoretischen Spitzfindigkeiten werden Sie es ab sofort zu tun bekommen. Da wünsche ich Ihnen allen eine lebenspraktische Xanthippe beziehungsweise einen Xanthip-pos, der Sie rechtzeitig aus dem allzu Akademischen zurück ins Sinnliche ruft.

Z wie zweifelsohne

Zweifelsohne wissen Sie jetzt, am Ende unseres akademischen Alphabets angekommen, alles, was Sie über Ihr Studium wissen wollten, bislang aber nicht zu fragen wagten. Und zweifelsohne komme ich mit diesem Stichwort nicht zufällig zum Schluss. In Michels „Grund-wortschatz" steht es nämlich als Beispiel dafür, dass kein Wort zu blödsinnig sein kann, um nicht doch in die akademische Rhetorik einwandern zu können. Der Ausdruck, schreibt Mi-chel, „(von Haus aus eine Pennälerverballhornung) ist ein treffliches Beispiel dafür, dass selbst ein niedriges, subsprachliches Wort durch fleißiges Sichumtun in wissenschaftlichen Kontexten szientifisch geadelt werden kann. Ähnlich erging es anderen Ausdrücken (z.B. ‚nichtsdestotrotz' oder ‚in keinster Weise'), deren ordinäre Abkunft ihnen zwar die Aufnahme in die Schriftsprache, nicht aber eine beträchtliche wissenschaftliche Karriere verwehrte. (Bis-her noch nicht geadelt ist die Wendung ‚noch und nöcher'.)" Ende des Zitats. Sie sehen also, Ihnen stehen noch viele Möglichkeiten offen. Das Akademische ruft Sie. Rufen Sie zurück. Noch und nöcher.

Gewagte Demokratie
Die wilden Jahre um 1968 im Spiegel
der Oldenburger Schülerzeitung STRIX

Im Dezember 1969 erschien in der STRIX, der seit den fünfziger Jahren bestehenden „Schülerzeitung am Alten Gymnasium Oldenburg", folgendes Gedicht des damaligen AGO-Schülers Heiko P. Ahlers:

ge/hen ZW (ging; ge/gan/gen).
mar/schie/ren ZW (-ier/te; -iert).

überhaupt
so geht das nicht weiter
schon seit jahren geht das so
und das darf nicht so weitergehen
so geht ihnen das doch auch?
geht das überhaupt?

wenn das so weitergeht
geht denen mal die luft weg
dann geht das licht aus
kann man da noch mitgehen?
da muß einem ja der hut hochgehen

überhaupt
so marschiert das nicht weiter
schon seit jahren marschiert das so
und das darf nicht so weitermarschieren
so marschiert ihnen das doch auch?
marschiert das überhaupt?

wenn das so weitermarschiert
marschiert denen mal die luft weg
dann marschiert das licht aus
kann man da noch mitmarschieren?
da muß einem ja der hut hochmarschieren

denen muß mal der gang geblasen werden

In ihrer Mischung aus gut gelaunter Aufsässigkeit, vagem Widerspruchsgeist und experimentellem Sprachwitz hat diese Pennäler-Lyrik etwas Wesentliches von der geistigen Situation jener Zeit eingefangen, für die später eine Jahreszahl zum exemplarischen Begriff gerinnen sollte: 1968. Das inzwischen fast mythisch gewordene Datum steht für eine Epoche gesellschaftlicher Unruhe, politischen Umbruchs und sehr vielschichtiger Formen des Protests und der Rebellion, deren kleinster gemeinsamer Nenner in dem unklaren, aber starken Gefühl bestand, dass es so nicht mehr weitergehen und schon gar nicht weitermarschieren durfte.

Liest man heute die Ausgaben der STRIX, die in diesen manchmal peinlich, manchmal erfrischend wilden Jahren erschienen, wird deutlich, dass die politischen Ereignisse und Diskussionen heftig aufs Schulleben am Alten Gymnasium durchschlugen und dass innerhalb der Schülerschaft politisches Selbstbewusstsein sowie Bereitschaft und Fähigkeit zu Mündigkeit und kritischem Denken aufbrachen.

1966 war die Welt des AGO noch so *heil* gewesen, dass in einem Artikel der STRIX unter Berufung auf Platons „Staat" eine Lanze für die Franco-Diktatur in Spanien gebrochen wurde: Eine gute Diktatur sei besser als eine schlechte Demokratie. Die alten Kameraden und kalten Krieger im Lehrerkollegium dürften derlei politische Instrumentalisierung humanistischer Bildung wohlwollend zur Kenntnis genommen haben.

Ein Jahr später war es mit dem Wohlwollen vorbei. Die Schulleitung hatte eine „Stunde der Begegnung" ehemaliger Leobschützer Schüler mit der Oberstufe des AGO anberaumt, eine Veranstaltung, die zur finsteren „Dreigeteilt? Niemals!"-Propaganda beinharter Vertriebenenideologie geriet. Unter der Überschrift „Deutsch, deutscher, Leobschütz" erschien dazu in STRIX IV/1967 ein kritisch-satirischer Artikel Peter Frankes. Er wolle sich, so der Autor, in der Schule auf seinen künftigen Beruf vorbereiten und keine Zwangsverbundenheit mit den sogenannten deutschen Ostgebieten verordnet bekommen. Die Schrecken eines Krieges ließen sich im übrigen besser an Bildern napalm-verletzter Kinder demonstrieren als an der Nostalgie chauvinistischer Heimatvertriebener. Vietnam-Krieg und der Streit um eine neue, deutsche Ostpolitik, zentrale Konfliktpunkte der 1968er-Debatten, ergaben hier also eine explosive Mischung. Statt sich vom eigentlichen Skandal der Veranstaltung zu distanzieren, skandalisierte die Schulleitung kurzerhand Frankes Text als „Gästebeschimpfung", von der sich die Lehrerschaft gleich reihenweise gehorsamst distanzierte.

Dieser Lärm um Leobschütz zeigte beispielhaft, dass der frische Wind, der das in Restauration erstarrte Land durchlüftete, auch im alten Gemäuer des AGO heftigen Durchzug erzeugte, manchen Muff vertrieb, aber auch auf verbissene Gegenwehr stieß. Allein die Themen, die in den 4 Heften des Jahrgangs 1968 in der STRIX behandelt wurden, sprechen zeittypisch für sich: Plädoyer für das Wahlrecht ab 18; Verbindung von Sozialismus und Demokratie im „Prager Frühling"; eine Rechtfertigung der außerparlamentarischen Opposition; der Vietnam-Krieg; die Kosten des Wettrüstens; die Wahl Richard Nixons; Kritik des Nationalismus; Aufforderung zur Kriegsdienstverweigerung; Gründung der DKP; der Bildungsnotstand; Plädoyer für eine neue Ostpolitik; Demonstration gegen den amerikanischen Propagandafilm „Die grünen Teufel"; die Bonner Notstandsgesetze; etc. etc. Die Liste solcher, von der STRIX aufgegriffener, „relevanter" Themen lässt sich bis in die frühen siebziger Jahre beliebig verlängern.

Neben den allgemein politischen und speziell schulpolitischen Themen brachte die Zeitung Satiren, Glossen, Lyrik und Prosa, Buch- und Schallplattenrezensionen; die Unterstufe hatte eine eigene, oft mehrseitige Rubrik, der Schulsport wurde gewürdigt, und besonderer Beliebtheit erfreute sich die regelmäßige Stilblütensammlung „Bemerkenswert" (Kostprobe: „Und verständigen Sie bitte auch den Erdkundelehrer. Ach, das bin ich ja selbst! Dann brauchen Sie den nicht zu verständigen."). Die Redaktion empfand die STRIX übrigens nie als linksradikales Kampfblatt und hat keinen einzigen Beitrag aus ideologischen Gründen abgelehnt oder ungedruckt gelassen. Auch eher konservative Strömungen innerhalb der Schülerschaft wie die beiden Verbindungen oder die extrem rechtslastige „Politische Arbeitsgemeinschaft" kamen ausführlich selbst zu Wort, wurden jedoch auch mit Kritik überzogen.

„Mehr Demokratie wagen" – die Kernaussage der Regierungserklärung Willy Brandts war das ungeschriebene Motto der Zeitung, die damit weitgehend die politischen Überzeugungen der Schülerschaft spiegelte, über die genaue Zahlen vorliegen, weil es seit 1969 am AGO eine Arbeitsgemeinschaft für Demoskopie gab. Anfang 1970 ermittelte diese AG folgende Zahlen zu den parteipolitischen Präferenzen der Schüler: SPD 47,3 %, FDP 23,0 %, CDU 8,8 %, DKP 1,3 %, NPD 1,0 % (der Rest der Befragten äußerte sich indifferent oder enthielt sich). Die Schülerschaft stand also mit großer Mehrheit hinter der sozial-liberalen Koalition Brandt/Scheel. Besonders bemerkenswert ist neben dem dürftigen CDU-Ergebnis das schlechte Resultat der DKP: von kommunistischen Umtrieben oder Sympathien konnte demnach am AGO keine Rede sein, nicht einmal in der verbal immer radikalen, politisch aber nie konsequenten STRIX, die 1969 mit der „Mailbox" ein Meinungs- und Diskussionsforum eröffnete, das auch gern von Lehrern benutzt wurde und in dem schulische, aber auch politische Themen kontrovers diskutiert wurden.

Die STRIX war also ausgewogen. So folgte beispielsweise dem Aufruf zur Kriegsdienstverweigerung im nächsten Heft eine ganzseitige Anzeige der Bundeswehr nebst der sehr ausführlichen Stellungnahme eines Führungsoffiziers der Bundeswehr, der von der Redaktion gebeten wurde, das Horaz-Wort „Dulce et decorum est pro patria mori" zu interpretieren und dem dies auch sehr differenziert gelang. Mit dieser Debatte warf allerdings ein Ereignis seine Schatten voraus, das die schwelende Polarisierung schließlich zur offenen Konfrontation trieb. Im Augustheft 1969 machte die STRIX nämlich unter der Überschrift „Nochmal Pro Patria Mori ..." auf die unübersehbare Problematik des „Heldengedenkschreins" im Eingangsbereich der Schule aufmerksam, insbesondere auf das dort ausliegende Gedenkbuch mit seinen häufig genug nationalistischen und martialischen Tönen. Zwar kam eine Gemeinschaftskundegruppe unter Leitung des Lehrers Meino Janssen auf

die konstruktive Idee, den gesamten Inhalt des Buchs im Unterricht zu analysieren – das vorhersehbare Ergebnis der Analyse lautete jedoch: Jede Menge idealistische Vaterlandsphraseologie nebst einigen unleugbar faschistoiden Formulierungen.

Trotz heftiger Diskussionen innerhalb und außerhalb der STRIX legte die Schulleitung starre Unnachgiebigkeit an den Tag, wollte von Schrein und Buch nicht lassen und zementierte damit, wohl aus Rücksichtnahme auf einflussreiche Interessen, jene verlogene Haltung, die eine kritisch-konstruktive Bewältigung der Vergangenheit mit „Heldengedenken" verwechselte und verwechseln wollte. Das Problem des anstößigen Buchs wurde 1970 gelöst, indem es aus der Vitrine verschwand. Anschließend wurde noch eine Weile gerätselt, verdächtigt und unterstellt, wer es entwendet haben könnte, aber vielleicht war im Endergebnis sogar die Schulleitung nicht ganz unglücklich, das leidige Thema damit endlich vom Tisch zu haben; aus den Köpfen war es freilich noch lange nicht.

Noch die banalsten Schulkonflikte spitzten sich in dieser Phase zu. Die Schulleitung zeigte sich durchweg wenig diskussions- und schon gar nicht kompromissbereit, sondern verschanzte sich hinter Hausrecht und Amtsautorität. Als die STRIX Form und Inhalte der traditionellen Abiturfeiern kritisierte und gegen „Chorgesang und Orgelklang" und auf Latein geschwungene Abschiedsreden eine satirische „Deutsche Abschiedsrede" setzte, appellierte die Zeitung zugleich ausdrücklich an die Schulleitung, die Entlassungsfeier *nicht* abzuschaffen, sondern eine zeitgemäße Form zu entwickeln. Die Schulleitung war aber längst nicht mehr bereit, wohl auch nicht mehr recht fähig, mit der kritischen Schülerschaft in konstruktive Dialoge zu treten, sondern griff mit offenbar rettungslos blank liegenden Nerven zur einfachsten und radikalsten Lösung: Sie strich die Abiturfeier ersatzlos – bemerkenswert deshalb, weil somit eine ehrwürdige Schultradition nicht reformiert, sondern *gegen* die ausgesprochenen Wünsche der Schülerschaft abgeschafft wurde.

Wagenburgmentalität machte sich breit. Als eine vom ASTA der Pädagogischen Hochschule (der Keimzelle der Oldenburger Universität) organisierte Demonstration gegen die Bonner Notstandsgesetze während der Unterrichtszeit den Schulhof des AGO erreichte, kam die Direktion nicht etwa auf die naheliegende Idee, die Gelegenheit zu lebendiger Gemeinschaftskunde zu nutzen und mit den Demonstranten zu diskutieren, sondern ließ sämtliche Ein- und Ausgänge versperren. Die Stegreifsprechchöre der Ausgesperrten erlangten unter den Gymnasiasten der Stadt bald eine gewisse Popularität: „Auf den Röster mit dem Köster!" und „Köster, mach den Käfig auf!"

Aber der Käfig blieb zu – und die Köpfe blieben im Sand. Zwar gab es, nicht nur unter den Referendaren und jüngeren Lehrern, durchaus liberale bis „linke" Haltungen im Lehrerkollegium, aber die Schulleitung navigierte die alte Fregatte AGO lieber mit harter Hand durch die Stürme der Revolte und ließ das Ruder scharf rechts liegen. Der Konflikt mit der munter aufsässigen STRIX erreichte seinen Höhepunkt im Mai 1970. Ein Artikel mit Foto, in dem es um die an Volksverhetzung grenzende Reaktion konservativer Presse auf die abgeschmackten Happenings Otto Muehls ging, wurde seitens der Direktion untersagt. Der STRIX

„wurde nahegelegt, den Artikel und besonders das Foto nicht abzudrucken, da sonst ein Vertriebsverbot durch den Direktor unserer Schule wahrscheinlich sei" (redaktionelle Erklärung der STRIX). Damit war nun ein krasser Fall von Zensur, zumindest der Unterdrückung freier Meinungsäußerung gegeben. Die findige Redaktion druckte den inkriminierten Artikel als loses Blatt, das zusammen mit der STRIX außerhalb des Schulgrundstücks und damit außerhalb des Machtbereichs der Direktion reißenden Absatz fand. Die eigentliche Ironie der Geschichte bestand natürlich darin, dass ausgerechnet die Direktion der STRIX damit außerschulische Aufmerksamkeit und Öffentlichkeit zutrieb, die man sonst unter allen Umständen zu umgehen und auszuschließen suchte.

In jenen wilden Jahren wagten Schüler des AGO also durchaus mehr Demokratie – die Direktion versagte sie ihnen, wo immer sie konnte. So nimmt es nicht wunder, wenn sich 1969 in der STRIX ein Abiturient mit blankem Zynismus von seiner Anstalt verabschiedete: Da man ihm die Reife nun auch amtlich bescheinigt habe, sehe er es als seine „moralische Pflicht an, Selbstkritik zu üben. Deshalb bekenne ich erstens: ich habe kritisiert, polemisiert, nestbeschmutzt, Autoritäten in den Schmutz meines Spottes gezogen, auf Reaktion gehofft (...) und durch meine lehrkraftzersetzenden Äußerungen den Lehr- zum Leerkörper gemacht; und gelobe zwotens: Besserung, dass mir alles Diesbezügliche fürderhin egal sein wird, da ich jetzt die Schule hinter mir weiß (...)"

Großer Riese, blauer Brief

*M*ens sana in corpore sano – dies unverwüstlich-ehrwürdige Ideal humanistischer Bildung kollidierte in der Wirklichkeit unseres Sportunterrichts heftig und gelegentlich schmerzhaft mit dem Bibelwort, dass der Geist willig, das Fleisch aber schwach ist. Vor allem im Umgang mit Turngeräten machten wir die Erfahrung, dass diese beiden klassischen Aussagen sich so unversöhnlich gegenüberstanden, dass sie höchstens noch in den künstlichen Synthesen der dialektischen Besinnungsaufsätze im Deutschunterricht vermittelbar waren, nicht jedoch in der rauen Realität. Das Fleisch erwies sich hier nicht nur als schwach, sondern im spürbaren Antagonismus mit dem Stahl der Reckstange vor allem als weich, wenn uns zum Beispiel Auf- und Umschwünge abverlangt wurden, die wir, aus Schaden klug und wortgewaltig geworden, sport-terminologisch freilich nicht ganz sachgerecht, auch Hodenquetsche nannten. Beliebter waren Ballspiele, doch wurden sie eben ihrer Beliebtheit wegen nur selten und gewissermaßen als Belohnung für tapfer ertragene Folterstunden an Barren, Bock und Ringen gewährt.

Als Krönung turnerischer Tollkühnheit galt der so genannte Große Riese, eine Übung, die ich nie einen Schüler, allerdings einmal verblüffenderweise einen Lehrer ausführen sah. Es handelte sich bei diesem entschlossenen Mann der Praxis um einen gewissen Kurt Wegner, der damals bereits über 60 war und immer noch alles vorzumachen pflegte, was seine Schüler nachmachen sollten – nachzumachen freilich nur selten in der Lage waren. Damit stand der wackere Wegner, dessen Kabinettstück der Salto aus dem Stand war, im krassen Gegensatz zu seinen eher der Theorie zuneigenden Kollegen. Mein erster Deutsch-, zugleich aber auch Sportlehrer war Karl „Charly" Hellmann, ein älterer Herr, sehr freundlich und durchaus beliebt, aber schon bedenklich wackelig auf den Beinen, der wegen des chronischen Lehrermangels während der sechziger Jahre noch lange über sein Pensionsalter hinaus Schuldienst schob. Er machte sich ehrlicherweise nicht einmal mehr die Mühe, einen Trainingsanzug anzuziehen, sondern fragte zu Beginn der Sportstunde leutselig in die Runde, wozu wir denn heute mal Lust hätten. Die Standardantwort lautete: Fußball – woraufhin Hellmann einen Ball herausgab, uns eine Weile lächelnd beim Bolzen zusah und dann, die schon leicht zitternden Arme hinterm Rücken verschränkt, verschwand, um kurz vor Ende der Stunde wieder aufzutauchen und den Ball ordnungsgemäß und sachgerecht im Ballschrank wegzuschließen.

Während meiner Oberstufenzeit wurden die Leibesübungen unserer Klasse von einem Junglehrer geleitet, der gerne Basketball spielte, weil er eine Weile in den USA verbracht hatte, uns so genanntes *circuit-training* verordnete, dessen Sinn mir bis heute unklar geblieben ist, und auch in anderen Sportarten theoretisch sehr beschlagen war. Als er uns davon zu überzeugen versuchte, die Einübung des Großen Riesen sei lediglich eine Frage der

Technik, diese Technik selbst aber nicht vorexerzierte und also erwartungsgemäß auf den passiven Widerstand der gesamten Klasse stieß, versuchte er, uns bei der sportlichen Ehre zu packen.

Auf einem Aus- oder Fortbildungsseminar für Sportlehrer, erzählte er feurig, habe sich einer seiner Kollegen, der übrigens gebürtiger Grieche gewesen sei, beim ersten Versuch eines Großen Riesen einen komplizierten Knochenbruch zugezogen. Das habe diesen Griechen im Gegensatz zu uns Flachpfeifen nun aber keineswegs irritiert; vielmehr sei er, kaum vom Gips befreit, unverzagt aufs neue ans Reck getreten und habe den Großen Riesen bewältigt, sozusagen „aus dem Stand".

Von Stund an, man kann es sich denken, hat niemand mehr von uns den Großen Riesen auch nur rein theoretisch zu bewältigen versucht. *Mens sana in corpore sano* – das war in diesem Fall ja wohl so zu übersetzen, dass ein halbwegs gesunder Menschenverstand uns davon abhielt, die Gesundheit unseres Körpers aufs Spiel zu setzen. „Der Grieche" aber wurde zu einem geflügelten Wort, das bei jeder Turnübung als Warnruf die Runde machte und die sportliche Risikobereitschaft auf ein Minimum reduzierte.

Schauplatz solcher Übungen war im Winter die alte Schulturnhalle, eine neugotische Kreuzung aus Kapelle und Pferdestall, während im Sommer der Sportunterricht im Marschwegstadion stattfand, das auch für die Fußballturniere der Schule und natürlich und vor allem für die alljährlich zelebrierten Bundesjugendspiele den Rahmen abgab. Sinn dieser Veranstaltung war es, in diversen Disziplinen wie Laufen, Springen, Werfen so viele Punkte zu sammeln, dass man schließlich mit einer Siegerurkunde geehrt wurde, die bereits durch sehr zurückhaltende Leistungen erreichbar war. Höher lag die Meßlatte jedoch für den, dessen Ehrgeiz auf eine Urkunde zielte, die die aufgedruckte Unterschrift des jeweils amtierenden Bundespräsidenten trug – erst also Lübke, dann Heinemann.

Das Verlassen des Schulgrundstücks war grundsätzlich verboten. Und ebenso selbstverständlich war es verboten, bei Bundesjugendspielen und Fußballturnieren das Stadion zu verlassen, bevor nicht alle Sieger geehrt und das abschließende Fußballspiel zwischen Schülern und Lehrern stattgefunden hatte. Wer dennoch glaubte, es sei nun des grausamen Spiels genug und sich aus dem sportlichen Staube zu einem Stadtbummel mit Kaffeefassen bei Tschibo auf- und davonmachen wollte, der hatte seine Rechnung ohne den berüchtigten Mathematiklehrer Dolle gemacht. Bewaffnet mit Feldstecher und Notizblock hockte der nämlich in einem Gebüsch am Stadionausgang und notierte die Namen der Deserteure samt genauem Zeitpunkt ihres unbefugten Abgangs. Am nächsten Tag würde diesen Renegaten per Eintrag ins Klassenbuch noch eine gelbe Karte beziehungsweise Urkunde der besonderen Art zu verleihen sein.

Die rote Karte des Schullebens war der Blaue Brief, der aber denkwürdigerweise in einem grünen Couvert verschickt wurde und meine Eltern darüber aufklärte, dass der Schüler Klaus Modick wegen mangelhafter Leistungen im Lateinischen und in Mathematik das Klassenziel nicht erreicht hatte. In der zehnten Klasse musste ich demnach die einjährige

Ehrenrunde drehen. Am letzten Tag des Schuljahrs fand wie stets das Fußballturnier der Schule statt. Die Klassen 5 bis 9 spielten den so genannten Kleinen Meister aus, die Klassen 10 bis 13 demnach den Großen Meister, wobei zumeist eine 12. Klasse gewann, weil die dreizehnten Klassen ihr Abitur in der Tasche hatten und also mehr oder minder alkoholisiert aufliefen, während die zehnten und elften Klassen körperlich unterlegen waren.

Dennoch erreichten wir das Endspiel. Eine Sensation aber war es, dass unser Gegner nicht etwa eine zwölfte Klasse sein würde, sondern genau jene zehnte, die im nächsten Jahr elfte sein würde und der ich dann zwangsweise angehören würde. Mit Spielwitz, Lauffreude und dem nötigen Glück hatten sie die reiferen Teams besiegt, deren Altersdurchschnitt ein bis zwei Jahre über ihrem lag. Und nun stelle man sich die inneren und äußeren Konflikte vor, in die diese Konstellation mich stürzte. Wenn ich mit vollem Einsatz für meine alte Klasse spielen würde, machte ich mir in meiner neuen bestimmt keine Freunde; hielte ich mich absichtsvoll zurück, würde ich von meiner alten Klasse als Verräter scheiden.

Ich löste das Problem mit einer taktischen Verletzung, indem ich beim dritten Ballkontakt absichtlich in den Rasen trat und mich mit schmerzverzerrtem Gesicht auswechseln ließ. Meine alte Klasse gewann auch ohne mich, wenn auch nur knapp. Im nächsten Jahr kam es zu einer Neuauflage des gleichen Endspiels. Diesmal gewann meine neue Klasse. Ich spielte durch, schoss ein Tor und wurde versetzt.

Hölle des Nordens
oder
Wenn Uwe Seeler Oldenburger wäre

Mein Onkel Peter war ein gemütlicher, leicht übergewichtiger Mann, der einen Hang zu witzigem Zynismus pflegte, gern Rotwein trank und halbierte, filterlose Senoussi-Zigaretten aus einer silbernen Spitze rauchte. In Sachen Leibesübungen hielt er es mit Winston Churchill („No sports!"), mit dem er auch eine entfernte physiognomische Ähnlichkeit hatte.

Aber weil Onkel Peter als Spross unserer ur-oldenburgischen Familie entschieden lokal-patriotisch gesinnt war, zog es ihn als Zuschauer gelegentlich zu Sportveranstaltungen, die dazu angetan waren, Ruhm, Ehre und Bedeutung Oldenburgs in der Welt zu mehren. Das entsprechende Angebot war freilich übersichtlich. Immerhin gab es den zwar aus Holland stammenden, aber erst im Oldenburgischen groß und stark gewordenen Boxer Hein ten Hoff, der sogar mal Europameister gewesen war. Und es gab auch den Oldenburger Fußballnationalspieler Felix „Fiffi" Gerritzen, auf den Onkel Peter aber gar nicht gut zu sprechen war, weil sich der „pfeilschnelle Ballartist für'n Appel und 'n Ei" (O-Ton Onkel Peter) von Preußen Münster hatte abwerben lassen.

Ansonsten war es mit dem Sport in Oldenburg nicht so weit her, doch als der VfB Oldenburg 1960 in die Oberliga Nord, im Fußball damals die höchste deutsche Spielklasse, aufgestiegen war und gegen den Deutschen Meister HSV antrat, ließ Onkel Peter sich natürlich nicht lumpen. Im Tabakwarenfachgeschäft Parat in der Haarenstraße, wo er seine Senoussi kaufte, und das praktischerweise auch als Vorverkaufsstelle für Heimspiele des VfB diente, erstand er zwei Karten – eine für sich und eine für mich. Ich war damals neun Jahre alt, bolzte begeistert bei jeder Witterung mit Nachbarskindern auf der Dobbenwiese, war aber noch nie bei einem richtigen Fußballspiel gewesen. Und also befand Onkel Peter, dass es nun für mich an der Zeit sei, der sprichwörtlich auf dem Platz liegenden Wahrheit ins Auge zu schauen.

Weil der VfB den HSV vor mehr als 10 Jahren angeblich einmal mit 1:0 besiegt haben sollte, war Onkel Peter gedämpft optimistisch. Warum sollte sich das Wunder von 1949 nicht auch 1960 noch einmal wiederholen? Vor sagenhaften 32.000 Zuschauern, die auf unerklärliche Weise irgendwie ins Marschwegstadion gepfercht worden waren, erwies sich die Wahrheit auf dem Platz dann jedoch als eine deftige Niederlage des VfB. Onkel Peter spendierte mir und sich selbst zum Trost eine Bratwurst, nahm einen Schluck aus seinem Flachmann, steckte sich eine halbe Senoussi in die Spitze und sagte: „Wenn Uwe Seeler Oldenburger wäre, hätten wir die geputzt." Leider war Uwe

Seeler aber kein Oldenburger, weshalb Onkel Peter noch eine andere Sieg-Theorie nach-schob: „Wenn das Spiel nicht am Marschweg stattgefunden hätte, sondern in Donner-schwee, hätten wir auch gewonnen. Da haben alle Gastmannschaften die Hosen voll. Don-nerschwee ist die Hölle des Nordens."

Hölle des Nordens? Das klang ja enorm. Da musste ich hin! Ab sofort pilgerte ich, be-waffnet mit einer blau-weißen Fahne am Besenstiel, jeden zweiten Samstag nach Donner-schwee, um Spieler wie Dobat, Jung, Nagel oder Presche anzufeuern. Zwar erwies sich das morsche Stadion im Schatten des Wasserturms häufig leider auch als Hölle unserer Heim-mannschaft, doch erfreute sich der VfB zwischen 1960 und 1970 vergleichsweise guter Jahre. In der Oberliga und, nach Einführung der Bundesliga, dann in der Regionalliga Nord, war die Mannschaft solides Mittelmaß. Als ich 1971 nach dem Abitur Oldenburg verließ, stieg der VfB prompt ab, als ginge es ohne mich nicht mehr. Ich glaube aber kaum, dass ich für den Niedergang allein verantwortlich war.

Nach Hamburg zog ich zwar nicht des HSVs wegen, sondern um zu studieren, doch mit dem HSV, der ja dank Onkel Peter mein fußballerisches Initiationserlebnis gewesen war, schloss sich dort ein Kreis. Ich erlebte 1972 sogar noch das Abschiedsspiel Uwe Seelers (der immer noch kein Oldenburger geworden war) und wurde sukzessive zum HSV-Fan. Als ich Zeuge wurde, wie der HSV in einem Europapokalspiel Real Madrid mit 5:1 vom Platz fegte, kam ich zu der Einsicht, dass die Hölle des Nordens nicht in Donnerschwee, sondern im Ham-burger Volkspark zu finden war. Mit meiner freundlichen Unterstützung errang der HSV 1977 den Europapokal der Pokalsieger, wurde mehrfach Deutscher Meister und gewann schließ-lich 1983 auch den Europapokal der Landesmeister. Die Aufstellung des legendären Trai-ners Ernst Happel weiß ich heute noch auswendig: Stein, Hieronymus, Kaltz, Jakobs, Weh-meyer, Rolff, Groh, Magath, Milewski, Hrubesch, Bastrup (von Heesen).

Unterdessen unterrichteten mich Presse, Funk und Fernsehen darüber, dass auch mein blau-weißer VfB sich weiterhin durchaus achtbar schlug. Der Verein stieg zwei- oder dreimal in die 2. Bundesliga auf, allerdings nur, um auch gleich wieder abzusteigen. So et-was nennt man in Fachkreisen wohl Fahrstuhlmannschaft. Und in der Saison 1991/92 staun-ten sämtliche Fachleute, und alle Laien wunderten sich, weil dem VfB um ein Haar fast der Aufstieg in die 1. Bundesliga gelungen wäre, aber eben nur um ein Haar. Knapp vorbei ist auch daneben, und von da an ging der Fahrstuhl eigentlich nur noch abwärts. Um den Ver-ein zu entschulden, wurde das Stadion in Donnerschwee verkauft. Wo früher in der Hölle des Nordens der VfB seine Strohfeuer entzündete, steht jetzt ein höllisch hässliches Ein-kaufszentrum. Onkel Peter, der Fußballgott habe ihn selig, hat vermutlich in seinem Grab auf dem Gertrudenfriedhof rotiert.

Wenn ich in Oldenburg zu Besuch war, begleitete ich meinen Freund Ralph, übrigens der glühendste Fan, den der VfB je hatte, an Sonntagen manchmal ins Marschwegstadion, wo der VfB vor ein paar Hundert Unentwegten nun seine dritt-, viert- und schließlich fünft-klassigen Partien absolvierte. Es waren fast immer Trauerspiele. Aus der Hölle des Nordens

war ein Holzkohlegrill geworden. Die Bratwurst schmeckte jedenfalls immer noch, und bei schönem Wetter war es auf der Tribüne auch recht gemütlich. Wir plauderten dann über dies und jenes, zum Beispiel über die Spiele der 1. Liga, und schauten dabei mit immer interesseloser werdendem Missvergnügen auf die dürftigen Darbietungen der Blau-Weißen. Falls Ralph irgendwann Magengeschwüre bekommen sollte, dürften die blau-weiß eingefärbt sein. Und als uns während eines Spiels der damalige Universitätspräsident Daxner einmal mit der Frage überfiel, ob wir eigentlich der Meinung seien, dass man heutzutage noch Agnes Miegel lesen könne, wurde uns schlagartig klar, dass es am Marschweg nicht mehr in erster Linie um Fußball ging.

Inzwischen wohne ich wieder in Oldenburg, und zwar in der Nähe des Marschwegstadions. Wenn ich sonntags im Garten sitze und Südwind weht, kann ich den Spielen des VfB akustisch beiwohnen. Meistens klingt es wie ein enttäuschtes, nahezu ersticktes, um nicht zu sagen ersterbendes Stöhnen. Und wenn ich jetzt ausplaudere, dass selbst ein Hardcore-Fan wie Ralph nicht mehr zum VfB geht, oder wenn doch, dann mit Sonnenbrille und tief in die Stirn gezogenem Hut getarnt, ist damit zum Thema Fußball in Oldenburg eigentlich alles gesagt.

Fast alles. Anzumerken ist nämlich noch, dass es mich als HSV-Freund einerseits, selbstbewussten Oldenburger andererseits zutiefst verstört, dass die Masse der Oldenburger Fußballfreunde zu Parteigängern Werder Bremens geworden sind. Ich verstehe zwar, dass man sich für erstklassigen Fußball eher erwärmen mag als für das fünftklassige, unterirdische Gekicke am Marschweg – aber, bitte sehr, doch nicht für den Erzrivalen aus der Nachbarstadt! Zu Onkel Peters Zeiten, als der HSV, Werder Bremen und der VfB noch in ein- und derselben Liga kickten, waren die Spiele gegen Werder Bremen von gesunder Nachbarschaftsrivalität geprägte Derbys. Ein Sieg gegen Werder gelang zwar so gut wie nie, aber wenn, dann war er süß, süßer noch als gegen den HSV. Wie um alles in der Welt, frage ich mich, kann man als Oldenburger eine Mannschaft bejubeln, die zwar grüne Trikots trägt, aber aus einer Stadt kommt, in der man den Grünkohl als Braunkohl bezeichnet?

Ins Blaue und anderswo hin

Weiße Schäfchenwolken, die ins Blaue ziehen – gut möglich, dass mir die Welt da draußen so frisch und blankgeputzt erschien; möglich freilich auch, dass der norddeutsche Himmel grau und niedrig hing, als meine ersten Blicke als Reisender ihn trafen. Das Gesichtsfeld war klein, gerahmt von den geflochtenen Rändern des Kinderwagens, der weiß und schön geschwungen war wie ein Schwan. Solche weichen, runden Linien standen im tröstlichen Kontrast zur Zeit, die von den mageren Erwachsenen als hart und schwer bezeichnet wurde, Jahre des Mangels, des Behelfs und Ersatzes. Das Schwelgen im Rundlichen war in den frühen fünfziger Jahren wohl eine warenästhetische Vorahnung der aufgehenden Wirtschaftswundersonne; das Design trug schon lange vor der Fresswelle Wohlstandsbäuche – nicht nur der Kinderwagen, in dem ich reiste oder genauer gesagt: gereist wurde, sondern auch höherentwickelte Transportvehikel wie der VW-Käfer, der Ford „Buckel", der drollige Messerschmidt Kabinenroller und auch die Motorräder.

Wenn ich, dem Kinderwagen bald entstiegen, mit meinem klappernden Holzroller unser Viertel zwischen Ofener Straße und Botanischem Garten, St. Peter-Kirche und Ammerländer, bereiste und mich in Lack und Chrom gespiegelt sah, mögen mich Ahnungen berührt haben, dass man mit diesen blitzenden Wundermaschinen, die damals so selten waren wie heute ein Pferdefuhrwerk, wahrscheinlich noch viel weiter kommen konnte als von Straßenecke zu Straßenecke. Und eines Tages beobachtete ich staunend, wie ein Nachbar sein Motorrad mit Taschen und Bündeln belud; den Seitenwagen des Motorrads bestieg die Frau des Nachbarn, beide schoben sich die Schutzbrillen vom Helm auf die Augen und knatterten unter Fehlzündungen in einer Abgaswolke davon. Die fahren nach Italien, sagte mein Vater. Nach Capri. Zum Camping. Und zum Beweis erhielt die gesamte Nachbarschaft von diesen Pionieren nachkriegsdeutscher Italiensehnsucht wenig später Ansichtskarten, auf denen ein glühender Sonnenball über schroffen Klippen im blauen, ach so blauen Meer versinkt.

Doch statt uns von Neid und ungestilltem Fernweh überwältigen zu lassen, schmierte meine Mutter ein paar Butterbrote, füllte die Thermoskanne mit Tee, und los ging's mit Fahrrädern zu einem Sommersonntagsausflug in die nähere Umgebung. Mein Bruder hockte auf dem Kindersitz vor meinem Vater, ich auf dem vor meiner Mutter, der Fahrtwind blies uns ins Gesicht, manchmal prallten mir Insekten gegen Nase und Wangen, meine Mutter sang vielleicht „Wohlauf in Gottes schöne Welt", und nach einer Rast im Gras am Straßenrand hatten wir auch bald – zum Beispiel – das Nordseebad Dangast erreicht. Bei Ebbe buddelten wir im Schlick, bei Flut plantschten wir im flachen Wasser des Jadebusens herum, dem Wasser der Nordsee also, die auch die Insel Wangerooge umspült, zu der schon bald meine erste, echte Ferienreise führte.

Während das Heck noch das satte Grün des ostfriesischen Deichs zu berühren schien, streifte der Bug bereits die prilzerklüfteten Salzwiesen im Süden der Insel. Zwischen der mit Holzstangen und Birkenstämmen abgesteckten Fahrrinne zog die Fähre – damals erschien sie mir riesig: Ein Ozeandampfer, mit dem man bis ans Ende der Welt hätte fahren können. Es gibt ein Foto, auf dem einer der freundlichen Matrosen mir seine Mütze aufgesetzt hat und mich auf dem Arm hält. Einen Schiffsjungen wie dich, scheint sein Lachen zu sagen, können wir immer brauchen. Am Inselanleger ging das Abenteuer weiter, denn dort erwartete uns die Inselbahn mit der kleinen Dampflok. „Rasender Elias" wurde sie genannt. Die Fähre tutete zum Abschied mächtig aus ihrem Nebelhorn, die Lokomotive pfiff das Willkommen, zog an, die Waggons mit den Holzsitzen ruckten, dann schunkelten wir auf dem Damm durch die Salzwiesen zum Insel-Bahnhof, der adrett wie die nur unwesentliche Vergrößerung eines Häuschens von einer Modelleisenbahn-Anlage wirkte. Über seiner Uhr prangte die Inschrift „Kehre wieder". Und da waren wir dann ja auch. Ferienzeit zwischen Leuchtturm und Westturm, zwischen Watt und Brandung: Wangerooge. Schnappschüsse, die im Fotoalbum meiner Eltern kleben: Mein Bruder und ich beim Bau einer Sandburg; Schaufel und Eimer und aufblasbarer Wasserball, rot-gelb-grün muss er gewesen sein, das bricht noch durch das vergilbende Schwarz-Weiß der alten Bilder. Mein Vater lacht und legt meiner Mutter den Arm um die Schulter. Und über dem Kopf meiner Mutter flattern die Fahnen der Strandpromenade. Weiß ich das wirklich noch? Das und all das andere aus diesen versunkenen Jahren? Wie sind die Beziehungen zwischen Bild und Leben, zwischen Vorstellung und dem, was wirklich geschah? Vielleicht haben die alten Fotos von uns eine unendlich dünne Haut abgezogen und diese dann zu Bildern entwickelt? Vielleicht arbeitet unser Blick nicht anders, und die Erinnerungsbilder, die in der Dunkelkammer unseres Vergessens auf Belichtung warten, sind keine leeren Vorstellungen, sondern feine Substanzen mit einer Art geisterhaft unkommandierbarem Eigenleben? Noch weitaus feiner als der Sand, durch den wir barfuß liefen, dem Wasser entgegen. Im fröhlichen Gewimmel auf der Hauptstraße schieben wir unseren Bollerwagen zum Strand, in dem sich Handtücher, Spielsachen, Sonnencreme und ein Picknick befinden. Mein Vater grüßt den Lehrer, der uns gestern mit einer Touristengruppe durchs Watt geführt hat. Das Klinkerpflaster glüht, alles ist hell, Inselsommer eben – und plötzlich der muntere Singsang: „Hallo, ein Sonnenfoto! Von Ungermann." Wir drehen uns um. „Der Kleine etwas mehr zur Mutter bitte, so, und lächeln, und danke." Ungermanns Fotograf, ein Original, das in den 50er Jahren Hochkonjunktur hatte, als Kameras noch nicht zur Reise-Standardausrüstung gehörten. Mein Vater hatte seinen eigenen Apparat, aber ein Sonnenfoto von Ungermann gehörte zu Wangerooge wie Leuchtturm und Westturm, wie Brandung und Strand.

Doch blieben solche Reisen, die durch die Überfahrt mit dem Schiff etwas Exotisches bekamen, einstweilen Ausnahmen von der Regel, dass ich die Ferien zu Hause oder bestenfalls bei Verwandten verbrachte. Diese sogenannten Sommerfrischen begannen damit, dass meine Mutter feststellte: Der Junge braucht mal Luftveränderung – aber dann war es

am Ende doch nur ein Tapetenwechsel, denn bei Onkel und Tante im Sauerland passierte kaum etwas anderes als zu Hause in Oldenburg. Immerhin kam es zum erregenden Abenteuer einer Bahnfahrt! Wenn der Lautsprecher auf dem Bahnsteig das Einlaufen des Zuges ankündigte und dazu aufforderte, von der Bahnsteigkante zurückzutreten, wenn das schwarze Ungetüm von Lokomotive zischend und schnaubend alles in weißen Dampf hüllte, wenn wir Plätze im Abteil gefunden hatten und auf dem gegenüberliegenden Gleis ein Zug abfuhr, so dass man das Gefühl hatte, selber bereits zu fahren und die Erwachsenen dann regelmäßig mit dem Scherzchen aufwarteten: Vorsicht am Zuge, der Bahnsteig fährt ab, wenn der Zug sich dann schließlich ruckend und zuckend in Bewegung setzte und, wie im Lied, aus grauer Städte Mauern hinaus durch Wald und Feld zog – dann, ja dann, konnte, wer eine Reise tat, am Ende zumindest erzählen, dass er eine Bahnfahrt gemacht hatte.

Inzwischen war die Sonne des Wirtschaftswunders längst aufgegangen. Ihr warmer Schein konkretisierte sich Anfang der Sechziger Jahre im elfenbeinfarbenen Lack des ersten Autos, das mein Vater erstand. Es handelte sich weder um den allseits milde belächelten Leukoplastbomber der Marke Lloyd, der gewissermaßen die Westversion des Trabis „von drüben" darstellte, noch um eine der barock-verspielten Limousinen der windigen Borgward-Werke, sondern selbstverständlich um einen als solide, vernünftig und mithin einer vierköpfigen Beamtenfamilie perfekt angemessen geltenden VW-Käfer – freilich bereits das revolutionäre Modell mit der sogenannten großen Heckscheibe. Der Wagen kostete die stolze Summe von Fünftausend Mark und stellte somit eine Investition dar, die regelmäßig gewaschen und poliert werden musste – das umso mehr, als nun auch bald eine automobile Ferienreise in Aussicht gestellt wurde, die alles in den Schatten stellen würde, was ich bislang in dieser Hinsicht erlebt hatte. Die Reise war nicht nur weit, sondern sollte sogar ins Ausland führen; zwar nicht gleich ganz bis Italien, was meinen Eltern vermutlich allzu frivol erschien, aber immerhin nach Österreich. Und so wurde dann eines Tages der winzige Stauraum unter der Kühlerhaube und der als Kofferraumersatz fungierende Gepäckschacht hinter der Rückbank mittels einer generalstabsmäßigen Planung mit unseren Habseligkeiten vollgepackt, wobei mein Vater um jeden Millimeter rang, und die sperrigeren Gepäckstücke fanden auf einem Dachgepäckträger Platz. Schließlich steckte meine Mutter rasch noch ein frisches Sträußchen Maiglöckchen in die Blumenvase am Armaturenbrett, und wir tuckerten los. Das Autobahnnetz jener Jahre hatte längst noch nicht die flächendeckende Totalität der Gegenwart erreicht, so dass der inzwischen nicht nur für zuverlässig, sondern gewissermaßen haustiergleich für „treu" gehaltene VW einen Großteil der Strecke über gute, alte Landstraßen dahinschnurrte. Am Abend erreichten wir Oberbayern, übernachteten in einem preiswerten Gasthaus, überquerten am nächsten Tag die Grenze, ein Vorgang, den ich als ungeheuerliche Erweiterung meines Erfahrungsraums in Erinnerung habe, und erreichten schließlich unser Urlaubsdomizil, eine Familienpension in Kärnten. Hier hieß der Kuchen Mehlspeis' und die Pfifferlinge hießen Schwammerln – ja, wir waren wirklich im Ausland.

*

Anfangs nahmen unsere Lehrer den alljährlichen Wandertag so wörtlich, dass die Freude über den Ausfall des Unterrichts durch die Blasen an den Füßen schmerzlich gedämpft wurde, nachdem wir zu Sehenswürdigkeiten der näheren Umgebung marschiert waren, die unsere Lehrer für Unentbehrlichkeiten zeitgenössischer Heimatkunde hielten. In späteren Jahren kam es freilich immer häufiger zu Extravaganzen wie einer Busfahrt nach Köln, legitimiert durch eine dortige Ausstellung über „Die Römer am Rhein", und sogar einer kombinierten Bus-Schiffsreise nach Helgoland, legitimiert durch die geologische Formation der roten Sandsteinfelsen und den Ursprungsort des Deutschlandlieds. Uns Schüler, die wir damals 17 oder 18 waren, interessierte die Insel eher als Ursprungsort zollfreier Alkoholika und Zigaretten, deren Erwerb aus pädagogischen Gründen streng untersagt war und eben deshalb in reichlichen Mengen erfolgte, so dass auf der Rückreise nicht mehr zweifelsfrei festzustellen war, ob wir an Seekrankheit litten oder bereits zu tief in die zollfreien Flaschen geschaut hatten.

Eine Wanderfahrt gehorchte also anderen Gesetzen als die so genannten Klassenreisen. Als Dreizehnjährige hatte uns eine Klassenreise zwei Wochen in ein Schullandheim auf Juist geführt; der Zweck dieses Aufenthalts lag offenbar darin, uns Geographie, Fauna und Flora der Insel ans Herz zu legen, bestand unsere Haupttätigkeit doch in unendlichen Wanderungen über Strände, Dünen und geklinkerte Fußwege – der Wandertag fand hier täglich statt, was für die Lehrer den Vorteil hatte, dass wir abends erschöpft und klaglos in die Betten fielen. Die eigentliche Klassenreise, das ganz große Ding sozusagen, sollte jedoch kurz vor dem Abitur stattfinden; an dem humanistischen Gymnasium, das ich absolvierte, war es nämlich Tradition, dass die 13. Klassen wechselweise nach Rom und Athen fuhren, um dort vor Ort zu bestaunen, wovon man im Latein- und Griechischunterricht jahrelang hatte raunen hören. Aber diese Bildungsreise blieb uns versagt; denn in den unruhigen Jahren um 1970 weigerten sich die zuständigen Lehrer, für die aufmüpfigen Schüler Verantwortung zu übernehmen, waren wir doch dem antiautoritären Zeitgeist verfallen, ohne uns freilich recht darüber im Klaren zu sein, was „antiautoritär" eigentlich zu bedeuten hatte. Ein schöner Zufall fügte es, dass ich zwanzig Jahre später doch noch eine leise Ahnung davon bekam, was diese schulische Bildungsreise ins klassische Altertum bedeutet hätte. Als ich nämlich als Stipendiat der Villa Massimo 1991 ein Jahr in Rom verbrachte und eines Tages in einem Café an der Piazza Navona saß, fiel mir eine Gruppe deutscher Jugendlicher auf, die sich um den Bernini-Brunnen in der Platzmitte scharrte – eine Schulklasse auf genau der Bildungsreise, die an mir vorübergegangen war. Und der ältere Herr, der mit weit ausladenden Handbewegungen über Brunnen und Kirchen hinweggestikulierte, hätte mein alter Lateinlehrer sein können. Ich blickte genauer hin. Er war es! Der Zeitgeist hatte sich gewendet; man fuhr wieder nach Rom oder Athen. Das Wiedersehen war ebenso verblüfft wie herzlich, und kurz darauf fand ich mich in der Rolle eines Fremdenführers wieder, der eine Klasse seiner ehemaligen Schule und seinen alten Lateinlehrer durch Roms Innenstadt geleitete. Dabei fiel mir auf, dass so man-

cher Schüler sich weniger für die starre Schönheit antiker oder barocker Architektur interessierte als viel mehr für die lebendigen Schönheiten römischer Weiblichkeit, die durch die Gassen wogte.

*

Als ich siebzehn wurde, erlaubten meine Eltern, dass ich in den Ferien auf eigene Faust loszog. Und zusammen mit einem Freund fuhr ich nun jeden Sommer nach Skandinavien; wir fuhren per Anhalter – wir trampten, wie der damalige Terminus für diese Reiseform auf Kosten großzügiger Autobesitzer lautete. So standen wir also bei Regen und Wind, Sonne und Hitze, mit erhobenem Daumen am Straßenrand, neben uns die Rucksäcke mit den aufgeschnürten Schlafsäcken und vor allem unsere Gitarren, denn mein Freund und ich waren seinerzeit ein durchaus passabel eingespieltes Duo mit einem Repertoire, das von Bob Dylan zu den Beatles und von Leonard Cohen zu Simon and Garfunkel reichte. Wir standen und warteten, den Daumen im Wind, und irgendwann hielt dann ein Wagen, der uns dem Norden näher brachte. Am liebsten waren uns Lastzüge, weil sie weite Strecken bedeuteten, auch wenn wir einmal nach einer Zehn-Stunden-Tour in einem Fischtransporter wie ein Makrelenschwarm stanken. Es gab aber auch den Missionar der Zeugen Jehovas, der uns stundenlang davon zu überzeugen versuchte, dass der Weltuntergang unmittelbar bevorstehe und wir gut daran täten, augenblicklich seiner Glaubensgemeinschaft beizutreten; es gab den schwulen Handelsvertreter, der gezielt den Schaltknüppel mit meinem Knie zu verwechseln wusste, und es gab den besorgten Vater zweier halbwüchsiger Mädchen, der auf diese Weise herausbekommen wollte, was für Typen es waren, die seinen Töchtern nachliefen. Nach Skandinavien fuhren wir übrigens aus zwei Gründen: Erstens gab es die Legende von den blonden Mädchen, für die wir angeblich eine Art Südländer waren, temperamentvoll und heißblütig, und die nur darauf warteten, uns in den Schoß zu fallen beziehungsweise uns in ihren fallen zu lassen. Irgendwie stimmte das sogar, aber unsere einschlägigen Erfolge hatten wohl eher damit zu tun, dass wir permanent brünstig waren wie geile Kater bei Vollmond. Und der zweite Grund war der, dass man in den Städten Dänemarks und Schwedens Straßenmusik machen konnte, ohne gleich von aufgebrachten Ladenbesitzern oder Polizisten vertrieben zu werden. Mit den Einnahmen dieser Open-Air-Konzerte im Kleinstformat konnten wir unseren Aufenthalt finanzieren. Beide Gründe hingen miteinander zusammen, weil wir bei unseren Auftritten in Fußgängerzonen, in Parks und auf ruhigen Plätzen immer Zulauf von weiblichen Bewunderern hatten, was wir durchaus zu nutzen wussten. Und bei Ferienende standen wir dann wieder an der Straße Richtung Süden und warteten – auf den Fischlaster, den Zeugen Jehovas, den schwulen Handelsvertreter. Heute waren wir „on the road again", und morgen würden wir wieder die Schulbank drücken.

„Wo wollt ihr denn mit dieser Kasper-Bude hin?", fragte der Kfz-Meister in einer Mischung aus Mitleid und Verachtung, als wir dem uralten VW-Bus entstiegen, dessen großflächige Rostflecken wir mit psychedelischen Ornamenten überpinselt hatten. Und als wir zur Antwort gaben: Griechenland, da schüttelte er resigniert mit dem Kopf, wechselte die defekten Stoßdämpfer aus und wünschte uns viel Glück. Wir hatten übrigens Glück, denn das betagte Gefährt brachte uns pannenfrei hin und zurück. Wir – das war eine Hälfte der Wohngemeinschaft, in der ich während meines Studiums in Hamburg lebte; wir – das war die hedonistische Fraktion, die Castaneda las, Pink Floyd hörte und mittels Haschisch und LSD ausgedehnte Reisen in die wogigen Regionen der inneren Kontinente unternahmen, während die andere Hälfte der Wohngemeinschaft aus der politischen Fraktion bestand, die Marx las, Süverkrüp hörte, Bier trank und es faschistoid fand, dass wir während der Semesterferien ausgerechnet ins Griechenland der CIA-gestützten Obristen wollten. Wir fuhren trotzdem, überstanden Grenzkontrollen und nach Haschisch schnüffelnde Cockerspaniel, überstanden zwei Reifenwechsel und die Schrecken des jugoslawischen Autoput. Kurz hinter der griechischen Grenze ging nach einer kaum enden wollenden Nachtfahrt die Sonne auf, und diesen Sonnenaufgang habe ich als eine Umarmung durch Licht und Wärme in Erinnerung, die so intensiv war, als hätte ich nie zuvor in meinem Leben die Sonne aufgehen sehen. Wir fuhren nach Athen und schifften uns auf die Fähre nach Kreta ein. Als Kind der Nordseeküste war ich schon oft mit Fähren und Schiffen gefahren, aber diesmal war es anders. Das mediterrane Getümmel am Kai von Piräus, die Mischung aus Schlampigkeit und Improvisationskunst, das fremdartige Stimmengewirr, die Gerüche nach Salz und Harz und Dieselöl, die ungeheure Sonne über dem ungeheuer tiefblauen Meer – alles das zerfloss in mir zu einer Wahrnehmung von Zeitlosigkeit, zur Erfahrung, dass das simple, tagtäglich sich wiederholende Ablegen eines Schiffes eine der archaischsten Momente allen Reisens darstellt. Dies Ablegen und In-See-Stechen, als der plumpe Rumpf aus dem Hafen manövrierte und schließlich in seinem Element zu einer beinah schwebenden Anmut fand, diese Passage von Piräus nach Iraklio, im Schlafsack auf den Decksplanken, den Blick in die sternklare Nacht, schließlich die Annäherung an die Insel im Zwielicht des – wie ich mich aus dem Griechischunterricht erinnerte – rosenfingrigen Morgens: Es war die Reise schlechthin, der Eintritt in eine fremde Welt, eine Erweiterung meiner Wahrnehmung, wie sie keine Drogen, aber auch kein Studium mir je würden bieten können.

Schneeränder

Sehr heftig schneite es nicht, aber was da an so genannter weißer Pracht leise vom Himmel rieselte, reichte offenbar aus, die Zugverspätung ständig zu vergrößern. Anfangs hatte der „Bordlautsprecher" vor Bahnhöfen nicht nur alle Anschlüsse gemeldet, die erreichbar waren, sondern auch noch mutig alle bereits verpassten. Ab Köln war nur noch von den ständig weniger werdenden, erreichbaren Anschlüssen die Rede, auch allerlei entschuldigende Floskeln á la Betriebsstörung wurden abgegeben, aber seit Dortmund Hauptbahnhof schwieg sich der Bahnservice verstockt aus. Die Schaffner respektive „Zugbegleiter" schlichen mit eingezogenen Köpfen durch die Waggons, wussten von nichts und verwiesen achselzuckend auf „die Lautsprecherdurchsagen auf den Bahnhöfen".

Ich hatte mich zum Mittagessen ins „Bordrestaurant" der Mitropa gesetzt. In der Küche köchelte der übliche Eisenbahnfraß, im Restaurant der Volkszorn. In den Tischvasen, in denen sonst verhärmte Blümchen ihrem Ende entgegenvegetierten, staken Tannenzweige mit fusseligen Lamettafäden, zur hoffnungslos vergeblichen Funktion verdammt, bis zum Abnadeln friedvolle Weihnachtsstimmung zu verbreiten. Auch der lauwarme Linseneintopf „Rheinische Art", den mir die immerhin noch verblüffend gelassene Kellnerin mit osteuropäischem Akzent servierte, erinnerte eher an Spülwasser denn an weihnachtliche Tafelfreuden. Zur inneren Desinfektion trank ich ein Bier dazu und bestellte zum Kaffee vorsichtshalber gleich einen Underberg.

Der Underberg tat so gut, dass mir die vage Idee für eine moderne Weihnachtsgeschichte in den Sinn kam. Ich holte mein Notizbuch aus der Jackentasche und kritzelte: Ein 24. Dezember kurz vor der Jahrtausendwende. Seit Tagen lang anhaltende, heftige Schneefälle. Am frühen Nachmittag bricht fast in ganz Deutschland der Verkehr zusammen. Der ICE von Köln nach Berlin bleibt irgendwo in Brandenburg auf freier Strecke stecken. Schneesturm. Schneeverwehungen, meterhoch. Die Heizung im ICE fällt aus. Panik. Chaos. Gewalttätigkeiten. Weinende Kinder. Aufgebrachte Erwachsene. Überforderte „Zugbegleiter". In dieser Situation kommt es bei einer hochschwangeren Frau zu einer Frühgeburt. Das Ereignis spricht sich wie ein Lauffeuer durch den eingeschneiten Zug. Alle Konflikte lösen sich. Weihnachtsfrieden breitet sich aus wie ...

Was für ein Blödsinn! Der Underberg tat offensichtlich doch nicht so gut. Ich strich den ganzen Sermon aus. Moderne Weihnachtsgeschichte? Kompletter Quark. In mir aus Kindertagen bekannten Weihnachtsgeschichten war es meistens üblich, jährlich gleich mehrere arme Jungen beziehungsweise „Knaben" und Mädchen erfrieren zu lassen. Der Knabe oder das Mädchen oder (auch immer wieder gern genommen) das aus Knabe und Mädchen bestehende, bettelarme Geschwisterpaar einer angemessenen Weihnachtserzählung hatten gewöhnlich in dunkler Nacht und bitterer Kälte vor dem Fenster eines wohlhabenden

Hauses zu stehen, um sich mit blutenden Herzen am Anblick des brennenden Weihnachtsbaums und opulenter Gabentische in einem luxuriösen Zimmer zu ergötzen – und dann auch zügig zu erfrieren, nachdem sie noch viel Unangenehmes und Bitteres empfunden haben mussten. Gelegentlich erschienen ihnen im Tode dann irgendwelche feenhaften oder engelsgleichen Lichtgestalten und geleiteten sie ins jenseitige Irgendwo. Wenn ich mich recht erinnerte, stammten solche Geschichten vorzugsweise von russischen Autoren, bei denen ich mich allerdings – bis heute – nicht besonders gut auskannte. Doch verstand ich sehr wohl die guten Absichten ungeachtet der Grausamkeiten, die auf die handelnden Personen wie Schnee- und Graupelschauer niedergehen. Ich wusste, dass die Autoren die armen Kinder immer wieder erfrieren lassen mussten, um die reichen Kinder daran zu erinnern, wie gut sie es hatten. Aber irgendwie reichte diese Einsicht nicht aus, mir eine Geschichte aus den Fingern zu saugen, in der auch nur ein einziger Knabe oder ein elternloses Mädchen hätten erfrieren müssen, nicht einmal zu solch einem achtbar pädagogisch korrekten Zweck. Ich selbst war ja auch nie erfroren, nicht einmal in den kargen Wintern der fünfziger Jahre, und war auch nie beim Erfrieren eines Waisenknaben oder Zündholzmädchens zugegen gewesen. So hätte ich also nur allerhand lachhafte Dinge zu sagen gehabt, wenn ich die Empfindungen beim Erfrieren beschreiben wollte. Und außerdem wäre es mir doch peinlich gewesen, ein Kind erfrieren zu lassen, nur um ein anderes Kind an seine sorgenfreie Existenz zu erinnern. Da zöge ich es schon vor, von Kindern zu erzählen, die nicht erfroren sind, zum Beispiel von meinen Töchtern oder, wenn's hätte sein müssen, sogar von mir selbst. Darauf noch einen Underberg.

In Hannover war dann mein Anschlusszug so gründlich verpasst, dass ich einen Zwangsaufenthalt von über einer Stunde in Kauf nehmen musste. Wer den Hauptbahnhof von Hannover kennt, weiß, was ich litt. In der unteren Ebene, einer zugigen Betonkatakombe, lagerte ein Trupp Obdachloser mit ihren Hunden, gleich Hirten auf dem Felde, um einen gewaltigen, voll elektrisierten Tannenbaum. Und auch die Läden und Verpflegungsstände hatten sich mit einschlägigen Dekorationen aus Plastik, Pappe und Glitzergirlanden weihnachtlich in Talmi-Schale geworfen.

Ich ließ mich in einer Pizzeria nieder, trank einen Cappuccino und dachte daran, dass ich immer noch kein Weihnachtsgeschenk für meine Frau hatte, nicht einmal eine Idee. Die Geschenke für die Mädchen besorgte sie und hatte auch immer für mich etwas „Passendes". Sich selbst allerdings konnte sie natürlich schlecht beschenken, obwohl es ihr an Ideen nicht mangelte. Und so ergab sich alle Jahre wieder das gleiche Problem, übrigens noch dadurch verschärft, dass meine Frau nur fünf Wochen vor Weihnachten Geburtstag hat, so dass die besten Ideen bereits Ende November verschenkt sind. Vor einigen Jahren hatten wir uns einmal hoch und heilig versprochen, uns gegenseitig nichts mehr zu schenken, was zu dem Ergebnis führte, dass ich nur mit „einer Kleinigkeit" für sie aufwartete, während sie es mit gleich zwei oder drei Kleinigkeiten für mich bewenden ließ. Im folgenden Jahr waren wir dann der Einfachheit halber wieder zu *business as usual* zurückgekehrt.

Auf dem Boden der Cappuccinotasse standen Reste von Milchschaum, durchsetzt mit braunen Kaffeeschlieren. Aschespuren im Schnee. Die Kohle in den Öfen war zu Asche zerfallen. Die Asche wurde in Ascheimer aus Blech gefüllt. Die Ascheimer mussten in die große Aschentonne neben dem Haus gekippt werden. Die Aschentonne wurde einmal wöchentlich von der Müllabfuhr geleert. Und die Kohle kam aus dem Keller, wo es, wie im Lied, zwar duster war, aber der arme Schuster wohnte dort nicht. Dort lag der Kohlenvorrat, der uns durch den Winter bringen sollte. Eingekauft wurde im Sommer, wenn die Kohle billiger war. Männer mit verrußten Gesichtern, die sich kapuzenähnliche Kappen über Nacken und Stirn gezogen hatten, wuchteten sich die Kohlensäcke von einem Lkw auf die Schultern und schleppten sie zum Kellerfenster. Dort war eine Holzrutsche angebracht, in deren Rinne schwarz staubend die Kohle aus den Säcken krachte und dann polternd in den Keller kollerte. Im Winter mussten dann mein Bruder und ich die Kohle vom großen Haufen in sogenannte Schütter schaufeln und in die zweite Etage schleppen, wo sie in den gierigen, rot glühenden Ofenmäulern verschwand. Im Keller befand sich auch die Waschküche. An Waschtagen malochte meine Mutter hier unten in Dampfschwaden, die aus dem gewaltigen, auf dem Boden fest gemauerten Bottich aufstiegen, unter dem das Kohlenfeuer brannte, und rührte mit Holzstäben die Wäsche durch. Anschließend wurde sie gespült, in Körbe umgefüllt und im Garten zum Trocknen aufgehängt, bei schlechtem Wetter auf dem Dachboden. Dort stand auch die Mangel, ein tonnenschweres Eisenungetüm, das ächzte und wimmerte, wenn die Laken und Bettbezüge hindurch gezogen wurden und dann glatt und weiß wie eine Badezimmerwand schimmerten. Merkwürdig, dass dies Gerät die Mangel hieß, denn sein Geräusch würde für mich immer einen Unterton, den Generalbass jener Zeit bilden, die auch die Tage des Mangels waren. Ich wusste nicht mehr, ob wir wussten, was wir wissen sollten, nämlich „wie gut wir's hatten". So gut war's ja nun auch beileibe nicht, selbst wenn's wirtschaftswundermäßig stetig voran ging. Nicht gut hatte es jedenfalls meine Mutter, deren hausfrauliche Pflichterfüllung in einer Zeit ohne Waschmaschine, von Geschirrspülautomaten zu schweigen, Züge von Sklaverei aufwies. Staubsauger gab es immerhin schon, und wir hatten auch einen elektrischen Kühlschrank, während meine Großmutter in den ersten Jahren, in die meine Erinnerung zurückreichte, noch einen hölzernen Kühlschrank mit Blechummantelung hatte: Im Sommer kam der Eiswagen, ein Mann mit einer nässetriefenden Lederschürze wuchtete große, grauweiß glänzende Eisquader hinein und zerstieß sie mit einem Eispickel. Das knirschende Geräusch, das die von Sommerhitze satte Küche meiner Großmutter erfüllte, hing mir noch heute im Ohr wie das Echo einer versunkenen Welt, von der ich kaum glauben konnte, dass ich selber einmal dazu gehört habe. Versunken, wie die Kaffeespuren im Milchschaum, manchmal noch aufzuckend wie ausbrennende Kerzen am Weihnachtsbaum, wenn der Docht kippt und die Flamme schließlich im Wachs ertrinkt.

Um Mitternacht kam ich im Oldenburger Bahnhof an. Der Schnee lag jetzt schon zwanzig bis dreißig Zentimeter hoch, und es schneite immer noch. Ein Taxi war nicht aufzutrei-

ben. So stapfte ich also durch das Schneetreiben nach Hause. Die Straßen wie in Watte gepackt. Alle Geräusche gedämpft, wie durch Filter gesickert. Ich hängte den schneeschweren Mantel im Bad über die Wanne und zog mir die Schuhe aus, zerknüllte Zeitungspapier, stopfte es hinein und stellte die Schuhe neben den Kachelofen. Weiße Schneeränder auf der nassen Schwärze des Leders.

Heimweg im Ammerland

Gleich hinterm Dorf, wenn die lackierten Paraden des Gebrauchtwagenhandels und die aluminiumstarre Funktionstüchtigkeit des Gewerbegebiets passiert sind, wenn die rote Leuchtschrift der Hotelreklame nicht mehr den Horizont verklebt und die Disziplin des Neubauviertels, wo strammstehende Edeltannen die Rasur des Rasens bewachen, aus dem Rückspiegel verschwindet, dann rücken die Chausseebäume enger zusammen, bis ihre Kronen sich berühren und Äste, Zweige und Blätter überm Grau des Asphalts undurchschaubare Muster des Zufalls bilden. Das grün geäderte, von Lichtreflexen durchzuckte Gewölbe zieht sich noch enger zusammen, wenn man von der Landstraße in den Weg einbiegt, der in meiner Kindheit nur eine von Treckern und Kiestransportern niedergefahrene, mit Schlaglöchern übersäte Piste gewesen und dann irgendwann so provisorisch und flüchtig asphaltiert worden war, dass die Wurzeln der ihn säumenden Bäume heute den Belag längst wieder sprengen und verwerfen.

Im Lauf der Jahre haben sich Eichenkronen über der Fahrbahn geschlossen und einen Hohlweg entstehen lassen – einen Tunnel aus Bäumen, wie eine meiner Töchter einmal sagte, als sie vier Jahre alt war. Sie saß auf dem Rücksitz, den Kopf in den Nacken gelegt, und schaute durchs Heckfenster in die huschenden Ornamente aus Laub und Licht. Was das Kind dort aber wirklich sah, was es dabei empfand, in der Geborgenheit des Autos vom gleichmäßigen Singen des Motors gewiegt, durch diesen Kanal zu gleiten, das war, indem es seine Wahrnehmung als „Tunnel aus Bäumen" zur Welt brachte, in diesen Worten verloren.

Wo der Asphalt endet, beginnt die Zufahrt zum Haus, ein mit Kies und Mergel regenfest gemachter Sandweg durch eine ehemalige Kiefernschonung, um die sich niemand kümmert, so dass sie erfreulich verwahrlost und verwildert den Weg säumt. Von den Stürmen vergangener Jahre geworfene Stämme, umstrickt mit unentwirrbar verzweigten Brombeerranken, mit Moosen und Farnen überwachsen, durchwuchert, fallen zurück in die Schatten, verbinden sich gemächlich mit dem Boden, aus dem sie ans Licht trieben; oder sie haben sich in Kronen standhafterer Nachbarn verfangen, hängen und lehnen in willkürlichen Winkeln und Diagonalen, die aller Geometrie spotten, zwischen den vom Westwind leicht nach Osten geneigten Senkrechten. Und in den Dämmerungen sieht es manchmal so aus, als schwebten diese Entwurzelten für immer unentschlossen zwischen dem Schwarz des Waldbodens und dem tintigen Zwielicht des Himmels.

Bald stößt der Sandweg auf ein Feld, das zu meiner Kindheit noch in wechselnder Fruchtfolge bepflanzt worden war, in einem Jahr Getreide trug, im folgenden Kartoffeln, dann Rüben und schließlich wieder Getreide, bis der alte Bauer starb, sein Sohn den Hof auf monokulturelle Milchwirtschaft umstellte und das Feld Jahr für Jahr mit Futtermais be-

baute, der mit ungeheuren Mengen an Kunstdünger und Gülle dazu gezwungen wurde, noch auf diesem kargen Sandboden ertragreich zu sein; aber irgendwann lohnte es sich wohl überhaupt nicht mehr, das kleine, abgelegene Areal zu bewirtschaften, so dass es brach liegen blieb und sich langsam in eine wilde Wiese verwandelte. An manchen Stellen stehen die Gräser so hoch, dass die Kinder dahinter verschwanden, wenn sie hier spielten, und auf dem Knick säumen Buchen und Eichen die Wiese wie die Kulisse eines Theaters, auf dem Tag für Tag gespielt wird.

Dann schimmern hinterm lichten Grün einer großen Birke die roten Ziegel des Dachs und hinter dichten Rhododendren das braune Holz des Hauses, in losen Enden und unbeachteten Rändern dieses versteckten Lands noch so verloren, dass ein Fremder es ohne Wegbeschreibung nur durch Zufall finden kann. In jenen Jahren, in denen ich dort lebte, war

ich oft und weit gereist, aber wenn ich dann aus der Nervosität der großen Städte zurück-
kam, wusste ich mich immer erst im wirklichen Zentrum der Welt angekommen, wenn ich
den Tunnel aus Bäumen passiert hatte und zwischen den Stämmen und Büschen das Rot
des Dachs schimmern sah – ein Anblick, als ob etwas sehr Sanftes, kaum Wahrnehmbares
sich auf meine Augen legte, den Küssen gleich, mit denen man in Gedanken geliebte Menschen berührt, wenn sie fern sind.

Hierher also war ich oft nach Hause gekommen, aber einmal im Spätsommer war es
wie das erste Mal. Wie Honig floss die Sonne durch die Zweige der Kastanie, die am Rand
der verwilderten Wiese steht, und Wind ließ die Blätter sprechen. Die Krone musste bald dem
Übermaß von herbstlichem Blau gewachsen sein, das dann durch die Äste brechen würde.
Bei meiner Abreise war der Baum noch vom Sommer erfüllt gewesen, stand tief und dicht,
als dächte er über etwas nach. Vogelbeeren, deren siegellackrote Prallheit schon vom
schwarzen, Falten bildenden Rost der Fäule durchsetzt war, hingen schwer an den Zwei-
gen, und Astern, die der Farblosigkeit entgegenalterten, atmeten schwach zwischen dem
dürren Laub auf dem Beet. Gleich einer träge aus satten Träumen erwachenden Katze, die
vom Licht benommen zögernd zu ihrer nächtlichen Geschmeidigkeit zurückfindet, dehnte
sich in den Sträuchern und Büschen des Knicks, hinter dem Geräteschuppen und in den
Schatten der Rhododendron schon das Dunkelblau der Dämmerung. Im Osten tintenblau,
im Süden durchsichtig und bleich, rötete sich der Himmel im Westen zu einer zart vibrie-
renden Glut, in deren Glanz fahles Gelb von Birkenblättern wie in einem Löschblatt aufge-
sogen wurde. Die Abendbrise wehte Ornamente aus Licht und Halmen auf das ungemähte
Gras und trieb mit unrhythmischen Schüben den harzigen Geruch verbrennenden Holzes
durch die Luft. Gegen die Helligkeit des westlichen Himmels erschien der aus dem Schornstein steigende Rauch als ein schwankender Schleier, der manchmal vom Wind nach unten
gedrückt wurde, um dann in weißgrauen Wirbeln und Flocken wie eine Brandungswelle, deren Gischt alle Feuchtigkeit ans Licht verloren hat, über das Rot der Dachziegel zu rollen.

Und dann die Stille. Sie war hörbar als eine Art Weben, der Arbeit der Spinnen ähnlich, wenn sie ihre durch Mutwilligkeit oder Zufall zerstörten Netze wiederherstellen, wieder
und wieder und wieder, bis die Fröste aus den Herbstnebeln splittern und die präzisen Ge-
spinste mit dem Weiß ihrer Kristalle zu Kunstwerken machen, deren erstarrte Schönheit darin beruht, vom Leben verlassen zu sein.

Fürs Leben gezeichnet
Unsortiertes vom Modell

Selbst 1

Im kaltbunten Licht der Neonschriften und Bogenlampen, die den Parkplatz vor dem Supermarkt erleuchten, ein Blick in den Rückspiegel. Ein einigermaßen vertrauter Anblick. So siehst du aus, sagt der Spiegel und weiß nichts von mir. Weiß nicht, wovon die ersten grauen Strähnen sprechen, kennt meine Stimme nicht, weiß nicht, was mir die Falten grub, hat mich nie lachen hören, kennt keins der Worte, die ich gemacht habe und die mich ausmachen, zum Beispiel diese: „Sag dem Gesicht das aus den Spiegeln blickt: / Jetzt ist es Zeit ein besseres zu finden, / zu jung um alt zu sein und nicht verrückt, / dein Leben in den Versen festzubinden." (*Der Schatten den die Hand wirft*. 1991) Man kann Gesichter aus Worten machen: Punkt Punkt Komma Strich, fertig ist ... Kann man auch Worte aus Gesichtern herauslesen? Vielleicht ist diese Frage eine Antwort auf die andere Frage, wie ich gesehen, wie gezeichnet werden möchte. Wie im Spiegel jedenfalls nicht.

Blicke. Striche

Das Atelier befindet sich im Dachgeschoss des Hauses. Balkenwerk, weiße Wände, grauer Teppichboden. Die Wahrnehmung, von denen wahrgenommen zu werden, die mein Bild wollen. Geruch von Kreide, Öl und Terpentinersatz. Manchmal schimmern die bunten Schlieren der Eitelkeit. Arbeitstische, Layout-Schränke. Manchmal wirft die Peinlichkeit zähe Blasen. Selbstbewusstsein ist vielleicht ein Bewusstsein von den Bildern, die das Selbst in anderen auslöst. Ein Stuhl für mich. Bilder und Bilder. Sie sitzen im Halbkreis um mich herum. Blicke und Blicke. Ein Lichttisch und ein Optiskop. Papier raschelt. Stifte stricheln. Flugzeugmodelle, Figuren. Nein, eine bestimmte Pose brauchen sie nicht. Ich soll einfach so da sitzen. Das gezackte Profil einer Maske an der Wand. Was sehen sie, was der Spiegel nicht sieht? Einfach so? Vielleicht ergibt sich mein Bild aus dem imaginären Schnittpunkt der Bilder, die jetzt entstehen. Oder aus deren Summe? Finden diese Blicke etwas? Oder erfinden sie etwas? Erfinden sie etwa mich, wie ich mich dauernd erfinden muss?

Selbst 2

„... und einen Flügel des Spiegelschranks öffnete, um den Rasierapparat herauszunehmen, den ich dort aber nicht fand, so daß ich auch den anderen Seitenflügel des Schranks öffnete und mich plötzlich im Triptychon dreier ineinander verschwenkter Spiegel in unendlicher Reihe in die Tiefe eines imaginären Raums versetzt sah; wegen der leichten Versetzung der Ebenen war mein Spiegelbild immer identisch und zugleich perspektivisch immer anders; ich war, der ich war, und war zugleich die unendliche Menge anderer, mir noch ganz fremder Möglichkeiten, nicht zersplittert in diese Möglichkeiten, sondern in alle Richtungen von mir fortstrebend und zugleich aus dem Fernsten auf mich zustürzend; ich war nur Bruchstück und Teilchen und dennoch in jedem Fragment, jedem Spiegelreflex derjenige, zu dem alle Teile sich bündelten und wieder ein Ganzes wurden. *Living is easy with eyes closed*, sang ich vor mich hin, *misunderstanding all you see*, ein Lied aus meiner Schulzeit, *it's getting hard to be someone*, und es wurde nicht leichter mit den Jahren, *but it all works out*, wenn ich mir die Dinge, vielleicht sogar mich selbst, jedenfalls aber diese Stadt, erfand, und *it doesn't matter much to me*, so daß ich schließlich die Spiegel wieder in ihre plane Ordnung brachte." (*Das Licht in den Steinen.* 1992)

Fürs Leben gezeichnet

Die geschichtsphilosophische Bemerkung Walter Benjamins, dass das, was zu verschwinden drohe, Bild werde, erhellt auch einen kunstpsychologischen Aspekt des Porträtzeichnens. Denn das Antlitz ist nicht nur das Wandlungsfähigste, sondern auch das Vergänglichste am Menschen; es zu beschreiben oder zu zeichnen kommt einem Versuch gleich, „die Hinfälligkeit des lebendigen Gesichts aufzuhalten, etwas zu tun gegen die Tatsache, daß dieses so sehr und immerzu im Verschwinden begriffen ist: – daß das Kindergesicht in dem des Halbwüchsigen erlischt, dieses in dem des Erwachsenen, und daß in dessen Zerknitterung sich bereits das letzte, das alte Antlitz bildet." (Peter von Matt: *... fertig ist das Angesicht. Zur Literaturgeschichte des menschlichen Gesichts.* 1983) Sag dem Gesicht das aus den Spiegeln blickt: / Jetzt ist es Zeit ein besseres zu finden ...

Zeitlupe

Das Problem, sagt Heidi Beilstein plötzlich, bestehe darin, die eigene Langsamkeit gegenüber einem Eindruck zu überwinden. Man muss also seine Wahrnehmung in eine andere Zeitdimension umpolen, damit die Unmittelbarkeit des Getümmels im Kopf mit der Trägheit des Stifts synchron läuft. So ist es beim Schreiben auch. Denken in Zeitlupe.

Grenzgänge

Nach einem berühmten Wort ist das leibhaftige Gesicht die Landschaft der Seele. Das, was den Einzelnen unverwechselbar macht, wird in seinen Zügen sinnliches Ereignis. Aber die Einmaligkeit einer Individualität bildet auch den Punkt, an dem der Einzelne einsam bleibt, sich selbst nicht mehr mitteilen kann und auch durch andere nicht mehr mitteilbar ist: Weder Gesicht noch Seele – was immer das sei – sind aufgrund der Unvollkommenheit unserer Zeichensysteme angemessen darstellbar. Das ist die unüberwindliche Grenze, an die jeder Künstler stößt, der sich Gesichter – und sei es sein eigenes – zum Gegenstand wählt. Wenn aber diese Grenze zwischen Leben und Kunst, Seele und Abbild, im künstlerischen Prozess nicht aufgehoben werden kann, bestünde die Funktion der Kunst darin, gewissermaßen den Grenzverlauf nachzuzeichnen. Denn nach Paul Valérys subtiler Bestimmung fordert die Kunst ja nicht die Nachahmung äußerer, „objektiver" Wirklichkeiten, sondern die servile Nachahmung dessen, was in den Dingen und Menschen undefinierbar ist, radikal individuell, und sich somit unmittelbar mimetischer Darstellung entzieht.

Kinderspiel

Im Atelier gibt es zwei Vitrinen mit Zinnsoldaten in Reih und Glied. Früher, sagt Klaus Beilstein, habe er die kleinen Figuren noch selber angemalt. Wann war das: früher? Als Kind? Ich habe leider nicht nachgefragt. Vielleicht besteht der stärkste Impuls künstlerischer Arbeit darin, eine bestimmte Kindheitserfahrung, die sonst bestenfalls als sentimentaler Erinnerungsnebel bestehen bleibt, im Erwachsenen krisensicher zu verankern: Die Selbstvergessenheit im Spiel.

Anderswo

„Wenn man ganz beim Zeichnen ist, ist man ganz woanders", sagt Klaus Beilstein später ohne aufzublicken. Dies Anderswo ist aber nichts anderes als die fremde Landschaft des eigenen Ichs. Das Zeichnen ist die Exploration dieser Landschaft, die fertige Zeichnung ihre Geographie.

Zustände

Das Gesicht ist vielleicht, mehr noch als Landschaft, *Zustand* der Seele, aber eben immer auch Seelenzustand des Porträtierenden, nicht nur des Porträtierten, ein Zustand des Künstlers also in Konjunktion mit seinem Gegenstand. Deshalb stellt sich der porträtierende Künstler, sobald er die physiologischen Einzelheiten, das kahle, steckbriefähnliche Abbild verlässt, ebenso selbst dar wie die porträtierte Person. Was im fremden Gesicht den Porträtierenden sichtbar macht, ist ein unentwirrbares Bündel aus Projektionen, Haltungen, Normen und Vorstellungen, die sich im Gesicht des Fremden wiederfinden. Das Paradox des Porträts, dass es immer wieder unternommen wird, obwohl es im emphatischen Sinn unmöglich ist, löst sich so auf: Das körperlich Konkrete, die Physiognomie des abgebildeten Gesichts verbindet sich mit dem künstlerisch Allgemeinen des Darstellenden. Jedes Portrait ist also auch ein Selbstportrait.

Selbst 3

„Abendsonne brach durch die Fenster und floß in flimmersatten Streifen über die Planken. Hatte ich eigentlich den Text auf der Diskette gesichert? Ich klappte den Computer auf. Das Licht fiel so auf die dunkle Scheibe des Monitors, daß sie wie ein Spiegel wirkte. Blaßgrüne Züge. Eine Rasur war dringend fällig. Die dunklen Bartstoppeln machten mein Gesicht noch elender, zogen es stärker in die Länge; die Stirn fast weiß, der Haaransatz so weit zurück, daß realistisch nicht mehr von Geheimratsecken zu reden war, sondern von Halbglatze; schwarze Ringe unter den Augen, und das linke Auge, mit dem ich nicht fixieren kann, wirkte in der Monitorscheibe wie ein starres Glasauge. Blaßgrün." (*Der Mann im Mast.* 1997) Sag dem Gesicht das aus den Spiegeln blickt: / Jetzt ist es Zeit ein besseres ...

Endlos

Seit zwanzig Jahren treffen sich Klaus Beilstein, Manfred Räber, Kurt Zeh, Heidi Beilstein, Sabine Löhr und Max Steffens zum gemeinsamen Porträtzeichnen. Seit zwanzig Jahren. Cirka zwanzig Mal pro Jahr. Vierhundert Porträts anderer Menschen und also vierhundert vexierte Selbstporträts. Und natürlich kommen sie damit nie ans Ende. Denn ein fertiges Blatt

zeigt immer die Vergangenheit, die des Modells wie die des Künstlers. Daher auch das mir so vertraute Gefühl, am Ende eines Textes eigentlich noch einmal von vorne beginnen zu müssen, weil ich längst nicht mehr der bin, der ich war, als ich den Text zu schreiben begann. Sag dem Gesicht das aus den Spiegeln spricht: / Jetzt ist es Zeit ein besseres zu finden. In diesem Sinn kann man Werke gar nicht vollenden. Man kann sie nur verlassen, um bessere zu finden, zu erfinden. „Wer immer strebend sich bemüht ...", sagt Goethe. Erlösung durch dauernde Annäherung. Das Werk wird nie ganz.

Gedanken. Schritte

Für ihn, sagt Klaus Beilstein und mustert über seine Halbbrille hinweg irgendein Detail meines Gesichts, vielleicht auch eins der Hand, mit der ich den Stift halte und Notizen mache, für ihn sei der Ausgangspunkt allen Zeichnens die Gestik, die Körpersprache des zu Porträtierenden. Das erinnert an jene Bemerkung Robert Louis Stevensons, dass die Art und Weise, in der ein Mensch geht, mehr über diesen Menschen aussage als die Art und Weise, in der er denkt. Das Körperliche aller Kunst.

Angesicht

„In jenem Film, den Samuel Beckett mit Buster Keaton gedreht hat, sieht man einen Mann von hinten, wie er geht, zögert, steht, etwas tut, weitergeht – immer von hinten. Das irritiert zunächst, dann wird es schmerzhaft, mit der Zeit ist es kaum noch auszuhalten. Erst in der letzten Einstellung wendet der Mann sich langsam um. Man sieht ein Gesicht. Das ist alles. Darin vollendet sich der kleine Film. Man könnte ihn als den Prototyp der Kunst überhaupt betrachten." (Peter von Matt, a.a.O.)

Rückspiegel

Zwischendurch haben wir gemeinsam gegessen. Currysuppe, die so scharf war, dass mir die Tränen kamen. Dann süßen Apfelkuchen. Während des Essens haben wir nicht über ihre, nicht über meine Arbeit gesprochen. Sie war ja auch nicht getan. Gegen Mitternacht begann ich zu gähnen. Niemand war fertig, aber nun musste es genug sein. Wer sieht sich schon gern als Gähnender? Ich sah mir die Bätter an und wusste nicht, wie ich mich finden sollte. Wird einem etwas genommen? Wird einem Haut abgezogen? Die immaterielle Haut, die der Spiegel nicht sieht? Wir verabschieden uns voneinander. Wir sehen uns wieder. Der Parkplatz des Supermarkts. Der gelbe Schein der Bogenlampen. Im Auto ein Blick in den Rückspiegel. Der weiß von nichts. Sag dem Gesicht, das aus den Spiegeln blickt: / Jetzt ist es Zeit ein besseres zu finden.

Foto: Peter Kreier

Klaus Modick wurde 1951 in Oldenburg geboren, besuchte dort das Alte Gymnasium und legte 1971 sein Abitur ab. Er studierte Germanistik, Geschichte und Pädagogik an der Universität Hamburg. 1977 legte er das Erste Staatsexamen für das Lehramt an Gymnasien ab, 1980 promovierte er in Literaturwissenschaft. Seit 1984 ist er freier Schriftsteller und Übersetzer. Er ist Mitglied des PEN-Zentrums der Bundesrepublik Deutschland und erhielt verschiedene bedeutende Literaturstipendien und Literaturpreise, z.B. Villa Massimo, Rom; Cité Internationale des Arts Paris; Deutscher Literaturfonds, den Bettina-von-Arnim-Preis und den Nicolas-Born-Preis. Gastprofessuren im In- und Ausland, vor allem in den USA. Klaus Modick lebt seit 2000 wieder in Oldenburg. Zu seinen wichtigsten Werken zählen die Romane „Das Grau der Karolinen", „Der Flügel", „Der kretische Gast", „Die Schatten der Ideen" und „Sunset".

Foto: Peter Kreier

Klaus Beilstein wurde 1938 in Delmenhorst geboren. Von 1959 bis 1963 studierte er an der Staatlichen Kunstschule/Hochschule für Bildende Künste Bremen. Anschließend war er drei Jahre als Zeichner und Grafik-Designer in Gütersloh und Soest beschäftigt, engagierte sich in der Verlagskooperative „roval´s verlag" Mainz (Weisenauer Handpresse) sowie im ZDF Mainz und im Bibliographischen Institut Mannheim.
Klaus Beilstein war von 1975 bis 1982 Mitglied der Gruppe Kranich und von 1976 bis 2001 Dozent für Grafische Techniken und Leiter der Künstlerischen Werkstätten im Fach Bildende Kunst/ Visuelle Kommunikation an der Carl von Ossietzky-Universität Oldenburg. Neben der Teilnahme an diversen Ausstellungen veröffentlichte er u.a.: Gesichter und Profile einer Stadt (1995); Moos (Modick, 1996); Typen und Köpfe in einer Region (1998); Menschen von hier (2004); Moorhausen (2005); Süd-Nord-Gefälle (2010).